„Du kannst alles werden, was du willst"

Glückliche Kinder
Wie Sie Ihrem Kind aktiv dabei helfen,
im Leben wirklich glücklich zu sein

Katharina Lowe

Dieses Werk einschließlich aller Inhalte ist urheberrechtlich geschützt. Alle Rechte und Übersetzungsrechte vorbehalten. Nachdruck oder Reproduktion (auch auszugsweise) in irgendeiner Form, sowie die Einspeicherung, Verarbeitung, Vervielfältigung und Verbreitung mit Hilfe elektronischer Systeme jeglicher Art, gesamt oder auszugsweise, sind ohne ausdrückliche schriftliche Genehmigung des Verlages untersagt. Alle Namen und Personen sind frei erfunden und Zusammenhänge mit real existierenden Personen sind rein zufällig. Alle Inhalte wurden unter größter Sorgfalt erarbeitet. Der Verlag und der Autor übernehmen jedoch keine Gewähr für die Aktualität, Korrektheit, Vollständigkeit und Qualität der bereitgestellten Informationen. Druckfehler und Falschinformationen können nicht vollständig ausgeschlossen werden.

Wichtig! Bevor Sie mit dem Lesen anfangen:

Für eine begrenzte Zeit steht Ihnen ein kostenloses Bonusheft zum Download zur Verfügung. In diesem Bonusheft geht es um das „Attachment Parenting" - ein Erziehungsansatz, mit dem Sie die Bindung zu Ihrem Kind stärken können. Alle Informationen, wie Sie sich das Gratis-Bonusheft sichern können, finden Sie am Ende dieses Buches (zeitlich befristetes Angebot).

Inhalt

Einleitung vii

Kapitel 1: Woher weiß ich, dass mein Kind glücklich ist? 1
Glück individuell definieren 4
Glück in unserer Kultur verstehen 6
Bonuskapitel: Warum dänische Kinder so glücklich sind 11

Kapitel 2: Phasen der Kindesentwicklung 19
Bonuskapitel: Sind Mädchen und Jungs anders glücklich? 30

Kapitel 3: Was Kinder wirklich brauchen 33
Was sagt mein Kind? – Hören Sie genau hin 36
Geschwisterkinder, Haustiere, eine große Familie – Was beeinflusst das Glücklichsein? 39
Bonuskapitel: Glückliche Scheidungskinder 43

Kapitel 4: Wie Sie richtig loben 47

Kapitel 5: Warum Zuhören so wichtig ist 53
Sechs Tipps für eine gelungene Kommunikation mit Kindern 53
Schreiende Kinder – erlerntes Verhalten gemeinsam ändern 57
Bonuskapitel: Therapie für ein glückliches Familienleben – Wenn Eltern Hilfe brauchen 63

Kapitel 6: Warum feste Familienstrukturen so wichtig sind 69
Wenn das Umfeld unglücklich macht 72
Oma ist gemein – Wenn Familienmitglieder unglücklich machen 75

> Bonuskapitel: Feste Strukturen für Pflege- und Adoptivkinder schaffen 77

Kapitel 7: Warum es wichtig ist, konsequent zu sein 85
> Neun Tipps, um eine konsequente Erziehung umzusetzen 87
> Bonuskapitel: Hilfe, ich kann mein Kind nicht leiden! 92

Kapitel 8: Unglückliche Kinder im Alltag – die Herausforderungen verstehen 97
> Stressiger Alltag ist zusätzliche Belastung 98
> Den Alltag spielend meistern 100

Kapitel 9: Dem Druck von außen standhalten 103

Kapitel 10: Wenn das Unglück anhält – Kinder mit Depressionen 109
> Anzeichen für Depressionen bei Kindern 111
> Wie werden Depressionen bei Kindern behandelt? 114
> Die richtige Hilfe erhalten – nicht dem Stigma erliegen! 116

Kapitel 11: Die Rolle der Eltern als glückliche Vorbilder 119
> Die Gefühlsentwicklung positiv beeinflussen 120
> Werte vermitteln 122
> Bonuskapitel: Warum Erwachsene unglücklich sind und was dagegen hilft 124

Schlusswort 129

Gratis-Bonusheft 131

Quellen 133

Einleitung

„Glücklich zu sein, ist reine Einstellungssache!" – Dies ist ein Leitspruch, der mich und meine Familie seit vielen Jahren begleitet. Ich befürchte, ich sage diesen Satz so häufig, dass meine Kinder enerviert die Augen verdrehen, noch bevor er ausgesprochen ist. Aber was genau ist denn nun damit gemeint, mit dem Glücklichsein? Und ist es wirklich so einfach – Einstellungssache?

Die Suche nach dem Glück ist so alt wie das Leben selbst. Und es gibt viele Theorien darüber, was Glück ist und wo man es findet. Aber das Glück, auf dessen Suche wir uns nun begeben werden, ist ein ganz besonderes. Denn wir möchten nicht unser eigenes Glück finden, wir möchten es sehr speziellen Menschen in unserem Leben schenken: unseren Kindern, Enkelkindern oder auch kleinen Geschwistern. Wen auch immer Sie glücklich machen möchten, die Tatsache, dass Sie hier bei mir gelandet sind, zeigt, dass Ihnen jemand sehr wichtig ist – damit hat dieses Kind bereits jede Menge Glück gehabt.

Was also erwartet Sie in diesem Buch? Ich möchte gemeinsam mit Ihnen auf eine Reise gehen. Wir werden die großen und die kleinen Fragen zum Glück erforschen. Wir werden Kinder, Eltern, Großeltern und sogar einen Hund namens Adam kennenlernen. Sie alle zeigen uns ihren ganz eigenen Weg ins Glück. Einige Beispiele helfen uns auch dabei, zu verstehen, welche Dinge Kindern das Glück verweigern.

Es geht dabei nicht darum, die richtigen Antworten zu finden oder Glücksregeln zu definieren. Es geht vielmehr darum, zu verstehen, woher das Gefühl des Glücklichseins kommen kann. Was kann es für wen bedeuten? Und vor allem – wie können Sie Ihrem Kind dabei helfen, glücklich zu sein?

Bevor Sie nun herausfinden, ob bereits Babys glücklich sein können, warum dänische Kinder so glücklich sind und wer eigentlich der Hund namens Adam ist, möchte ich Sie kurz einem Gedanken überlassen, der Buddha zugesprochen wird:

Es gibt keinen Weg zum Glück. Glücklichsein ist der Weg.

Kapitel 1
Woher weiß ich, dass mein Kind glücklich ist?

Sie haben bereits ein oder mehrere Kinder? Oder erwarten Sie voller Vorfreude Ihren ersten Nachwuchs? Vielleicht sind auch endlich die Adoptionspapiere vollständig, und Ihre Familie wächst um das lang ersehnte Kind. Oder sind Sie hier, um Ihren Enkelkindern dabei zu helfen, einen glücklichen Start ins Leben zu genießen? Wie Sie sehen, gibt es viele Gründe, um sich auf die Suche nach Antworten zu begeben. Und so unterschiedlich wie die Leser dieses Buches sind, so unterschiedlich sind die Kinder, die ihr Glück finden sollen.

Ein glückliches Kind ist leicht zu erkennen. Es ist immer fröhlich, lächelt viel, spielt gern mit anderen und macht einfach einen zufriedenen Eindruck. Und da Kinder ja ohnehin ganz sorglos durch das Leben schreiten, ist es für sie im Prinzip gar nicht so schwer, glücklich zu sein – oder? Wäre das alles so einfach, würden wir wahrscheinlich ganz ohne Zutun zu glücklichen Erwachsenen heranwachsen. Doch leider ist die Sache mit dem Glück nicht so leicht, wie es sich der ein oder andere erhofft. Aber wie lässt sich erkennen, ob ein Kind glücklich ist oder eben nicht?

Eines gleich vorweg: Die Deutschen sind glücklich. Es gibt eine Vielzahl von Studien, die immer wieder zu dem Resultat kommen, dass wir im Großen und Ganzen zufrieden sind und optimistisch in die Zukunft blicken. Der sogenannte Glücksatlas der Deutschen Post AG hat in den vergangenen Jahren mehrfach einen Anstieg der glücklichen Menschen in Deutschland aufgezeigt. So gaben im Jahr 2019 rund 66 % der Befragten an, sie seien glücklich und zufrieden. Global wird das Thema Glück in jedem Jahr durch den Happiness Report genau untersucht. Insgesamt 156 Länder stehen auf der Glücksliste, und Deutschland konnte sich im Jahr 2019 mit einem guten 16. Platz behaupten.

Somit stehen rein rechnerisch gesehen die Chancen sehr gut, dass auch Ihr Kind zu einem glücklichen Erwachsenen heranwachsen wird. Doch der Weg dorthin ist weit. Und es ist nicht gesagt, dass ein glücklicher Erwachsener auch ein glückliches Kind war. Viel zu oft ist der Weg zur Zufriedenheit und zum Glück steinig. Daher lohnt es sich, frühzeitig darauf zu achten, ob es Warnzeichen gibt.

Die Beziehung zwischen Eltern und Kindern ist nicht selten kompliziert. Vom ersten Tag an entwickelt sich eine sehr spezielle Dynamik. Diese wird durch viele Faktoren beeinflusst. Welche davon sich aktiv auf das Glück Ihres Kindes auswirken können, betrachten wir im Verlauf des Buches genauer. Wichtig ist, dass Sie sich bewusst machen, dass es kein Richtig- oder Falsch-Schema gibt, wenn es darum geht, wie glücklich Ihr Kind ist. Um zu erkennen, wie es einem Kind wirklich geht, sollte der Fokus auf dem Blickwinkel des Kindes liegen. Die individuelle Dynamik zwischen Ihnen und Ihrem Kind kann dabei den Blick trüben. Sie haben ein bestimmtes Bild von Ihrem Kind, das nicht immer der Realität entspricht. Dabei geht es hier nicht darum, dass Sie denken, Ihr Kind wäre besser, stärker oder emotional gereifter als andere – es geht darum, zu hinterfragen, inwieweit Sie das Kind als eigenständige Person wahrnehmen. Hier ein Beispiel dazu:

Anna ist elf Jahre alt. Sie macht gern Sport, sie ist künstlerisch begabt und hat vor Kurzem auch noch mit dem Backen angefangen. Sie war schon immer so. Sie hat Interesse an vielen Dingen und probiert gern Neues aus. Da ist sie ganz wie die Mama. Sie hat viele Freunde. Nach der Schule ist sie häufig mit anderen Kindern unterwegs. Am Wochenende ist sie eigentlich immer auf mindestens einer Geburtstagsparty eingeladen – sie hat ohne Frage mehr Termine als Mama und Papa zusammen. Auch in der Schule läuft es gut. Anna hat in allen Fächern sehr gute Noten. Von außen betrachtet, ist sie ein wirklich rundum glückliches Kind. Ihre Eltern sind sehr stolz auf sie. Sie berichten gerne darüber, dass sie Interesse an vielen Dingen hat. Auch die Tatsache, dass sie ständig zu Partys geladen wird und viele Freunde hat, macht ihre Eltern glücklich. Die guten Noten sind dann das Tüpfelchen auf dem i. Wer also die Eltern oder auch Freunde und Bekannte fragt, ob Anna glücklich ist, der wird ein klares „Ja" hören.

Für Anna sieht die Welt aber ganz anders aus. Sie hat irgendwie immer noch nichts gefunden, was ihr so richtig Spaß macht. Sie hat sich das mit dem Backen mal angeschaut, aber wird es wahrscheinlich nicht lange machen – so war es auch schon beim Fußball, Basketball und beim Malen nach Zahlen. Am Wochenende stehen schon wieder zwei Geburtstage an. Sie kennt die Mädchen zwar, aber so richtig gute Freundinnen sind die beiden nicht. Anna hat keine gute Freundin, dafür jede Menge Termine mit Leuten aus der Klasse und der Parallelklasse. Für Mama und Papa scheint es wichtig zu sein, dass sie immer unterwegs ist. Sie würde gerne mehr Zeit mit ihnen verbringen. Aber sie scheinen so stolz darauf zu sein, dass sie ständig zu Partys eingeladen wird und jetzt auch noch backt. Auch die Schulnoten sind ihnen wichtig. Daher strengt sich Anna ganz besonders an. Es fällt ihr schwer, vor allem für Mathematik muss sie viel lernen. Manchmal würde sie viel lieber das ganze Wochenende mit ihren Eltern vor dem Fernseher sitzen und lustige Filme schauen.

Für die Eltern ist es also ganz klar: Anna ist glücklich. Dabei fühlt sich Anna in einem Alltag gefangen, der nicht für sie gemacht ist. Aber wie kann es sein, dass Annas Eltern nicht bemerken, dass ihre Tochter in einer Glückskrise steckt? Hier kommt die individuelle Dynamik zwischen Eltern und Kindern zum Tragen. Die Eltern betrachten die Situation mit ihren Augen und nicht mit Annas. Um zu erkennen, ob das eigene Kind glücklich ist, ist also ein Perspektivenwechsel der richtige Anfang. Betrachten Sie Ihr Kind und fragen Sie sich, ob die aktuelle Situation auf die Bedürfnisse Ihres Nachwuchses zugeschnitten ist. Wenn Sie das Glück einer anderen Person hinterfragen, sollte dies so objektiv wie möglich geschehen. Dies für die eigenen Kinder zu tun, bedarf mit Sicherheit ein wenig Übung. Der erste Schritt ist, die Frage nach dem individuellen Glück Ihres Kindes zu stellen und auch zu beantworten. Denn erst wenn Sie wissen, was Ihr Kind wirklich glücklich macht, können Sie auch erkennen, ob es zufrieden ist.

Glück individuell definieren

Wenn man sich darauf einlässt, das eigene Glück nicht durch andere definieren zu lassen, ist der erste Schritt getan. Viel zu oft erlangen wir diese Erkenntnis erst später im Leben. Denn selbst in einer modernen Gesellschaft wie der unseren, stehen wir ständig unter Beobachtung. Die kritischen Augen von Verwandten, Freunden und absolut Unbekannten sind für uns alle ein ständiger Begleiter. Der Papa findet es nicht gut, dass die Tochter Fußball spielt. Die Mama ist der Ansicht, ihr Sohn hat zu lange Haare. Oma und Opa beschweren sich ständig darüber, dass die Enkel zu viel Zeit am Computer verbringen. In der Schule tragen gerade alle Schwarz. Auf dem Spielplatz tauschen alle ihre Pokemonkarten, und beim Bäcker kommentiert eine fremde Frau die vermeintlich ungesunde Brötchenauswahl.

Selbst wenn Sie eine Erziehung genossen haben, die Ihnen die Freiheit geboten hat, sich selbst zu entfalten, sind auch Sie nicht davor gefeit, die eigenen Ideen von Glück und Zufriedenheit auf andere zu projizieren – auch auf Ihre Kinder. Denn unsere Gesellschaft konfrontiert uns bereits im frühen Kindesalter mit unzähligen Erwartungen, die uns helfen sollen, einem bestimmten Ideal zu folgen. Ihre Einschätzung darüber, ob Ihr Kind zufrieden ist oder nicht, basiert also häufig darauf, was Sie selbst als Glück definieren. Dabei gibt es kaum etwas, das so individuell ist wie das Glücklichsein.

Erinnern Sie sich noch daran, wie es sich anfühlt, auf einer Schaukel zu sitzen und die Beine hoch in die Luft zu werfen? Oder wie aufregend der Heilige Abend war, als Sie noch an den Weihnachtsmann glaubten? Wie ist es mit den langen Sonntagnachmittagen, die Sie vielleicht bei Oma und Opa im Garten verbracht haben, um die dortigen Schnecken in einem Eimer zu sammeln? Jeder hat seine ganz eigenen Kindheitserinnerungen, und für viele von uns sind es die scheinbar unbedeutenden Momente, an die wir besonders gern zurückdenken. Denn das Glücksgefühl der Kindheit, das uns oft ein Leben lang in Erinnerung bleibt, basiert nicht auf den Wertevorstellungen unserer Gesellschaft. Es greift das Glück aus dem Moment, in dem es geschieht. Damals gab es keinen großen Plan, der auf ein bestimmtes Ziel hinarbeitet. Wenn Sie herausfinden möchten, was Ihr Kind glücklich macht, dann versuchen Sie, sich an dieses Gefühl, diese Freiheit, zu erinnern. Wann sehen Sie diese Momente in Ihren Kindern? Tobt Ihr Sohn gern mit Freunden auf dem Spielplatz, oder zaubert es ihm ein Strahlen ins Gesicht, wenn er mit dem Hund Gassi gehen darf? Ist es für Ihre Tochter das Größte, ausgelassen zu lauter Musik zu tanzen, oder kann sie sich für Stunden im Zimmer verkriechen und Lego bauen?

Das Glücksverständnis Ihres Kindes wird in den ersten Lebensjahren auch durch das Alter definiert. Ein zweijähriges Kind ist häufig leichter glücklich zu machen als ein fünfjähriges Kind. Denn je mehr ein Mensch mit seinem Umfeld agieren kann und je mehr er versteht, umso präziser ist die eigene Glücksdefinition. Versuchen Sie also, Ihr Kind in einem ganz eigenen Licht zu betrachten. Wann ist es besonders ausgelassen? Bei welchen Aktivitäten vergisst es die Zeit? Gleichzeitig können Sie so Bereiche oder Aktivitäten definieren, die Ihrem Kind gar keine Freude bereiten. Gibt es lange Streit, bevor der Weg zu Tante Anni angetreten werden kann? Springt Ihr Kind auf die andere Straßenseite, wenn ein Hund in Sichtweite kommt? Oder fängt es an zu weinen, wenn es darum geht, eine neue Hose kaufen zu gehen? Oft erscheinen uns diese Dinge trivial. Denn wir haben, wenn wir ganz viel Glück haben, unseren eigenen Wohlfühlort bereits gefunden. Wir wissen, wer wir sind und was wir mögen oder nicht mögen. Wir haben außerdem die Fähigkeit, dies anderen Personen zu vermitteln. Ein Sechsjähriger ist damit zumeist überfordert – es fehlen die Worte, die Geduld und oft auch das Verständnis dafür, was gerade passiert.

Erlauben Sie sich und Ihrem Kind also, das Thema Glück so unbeschwert wie möglich anzugehen. Es gibt kein Richtig oder Falsch. Betrachten Sie die Kleinen im Ganzen, und hängen Sie sich nicht an einzelnen Situationen auf. Denn auch wenn es jeden Morgen ein Schreiorchester gibt, weil der Nachwuchs nicht aus dem Bett will, ist das noch lange kein Anzeichen für Unglück.

Glück in unserer Kultur verstehen

Glück wird nicht nur über den einzelnen Menschen individuell definiert. Auch die kulturelle Umgebung, in der wir uns bewegen, hat einen erheblichen Einfluss darauf, wie wir Glück verstehen. Die Unterschiede zwischen den Kulturen sind dabei gravierend. Was wir als klaren Glücksindikator ansehen, kann in anderen Ländern verpönt sein. So gibt es sogar Kulturen, in denen das Streben nach Glück negativ betrachtet wird. Die Idee des Glücks als ein universell gültiges Konzept zu behandeln, ist also nicht möglich. Das Thema ist seit langem Teil von interkulturellen Forschungsansätzen, und die Ergebnisse sind eindeutig: Es gibt so viele Definitionen von Glück, wie es Kulturen gibt. Hinzu kommen variierende Glückskonzepte innerhalb der Kulturen, zum Beispiel in diversen Wohlstandsklassen.

Ein klassisches Beispiel dafür, wie verschieden das globale Glücksverständnis ist, lässt sich in der chinesischen Bestattungskultur finden. In der westlichen Welt sind Beerdigungen ein Anlass zur Trauer. Wir empfinden den Verlust der Person als persönlichen Schmerz. In China wird die Beerdigung als ein Anlass zum Feiern angesehen. Die Beisetzung wird aufwendig vorbereitet, und alle Teilnehmenden freuen sich darauf, den Toten auf seinem letzten Weg in das Nachleben zu begleiten. Es gibt spezielle Kleidung, die von den Schuhen bis zum Schmuck auf die Veranstaltung abgestimmt ist. Es wird eine große Anzahl von Personen geladen, und jeder genießt die gemeinsame Zeit, um an das Leben des Verstorbenen zu erinnern.

Glück im Tod finden – ein Konzept, das in der westlichen Welt nahezu nicht existent ist. Aber was bedeutet dies nun für unsere eigene Definition von Glück und die Suche nach Zufriedenheit? Wenn Sie ein Verständnis dafür bekommen, welche Faktoren auf Ihr Glück und somit auch auf das Glück Ihrer Kinder einwirken, kann es Ihnen dabei helfen, ein persönliches Verständnis dafür zu entwickeln. Der Blick über den Tellerrand in andere Kulturen öffnet Ihnen vielleicht auch die Augen für etwas, das Ihnen bisher nicht greifbar war.

„Du kannst alles werden, was du willst"

Glückliche Menschen in anderen Kulturen

Eine globale Glücksformel gibt es also nicht. Denn was in Deutschland ein klassischer Indikator für Glück ist, kann schon in Frankreich ein ganz anderes Gefühl hervorrufen. Interkulturelle Forschungsansätze beschäftigen sich seit Jahrzehnten mit diesem Phänomen. Studien aller Art befassen sich mit den verschiedenen Konzepten von Glück. Und auch wenn klar zu erkennen ist, dass jede Kultur ein ganz eigenes Rezept für Glück hat, so teilt sich das globale Glücksverständnis unverkennbar in eine westliche und eine nicht-westliche Ideologie.

Der Westen konzentriert sich für das Erlangen von Glück vor allem auf materiellen Reichtum. Der britische Wirtschaftswissenschaftler Angus Deaton hat sein Lebenswerk unter anderem der Frage nach dem Zusammenhang zwischen Einkommen und Glück gewidmet. Nach heutigen Standards bedarf es nach seinen Forschungen einem Jahreseinkommen von rund 60.000 Euro, um sorgenfrei durchs Leben gehen zu können. Die finanzielle Unabhängigkeit wird dann von Menschen der westlichen Welt als ein Zustand des Glücks interpretiert. Dies bedeutet für Menschen, die innerhalb der westlichen Kultur leben, aber auch, dass weniger Geld weniger glücklich macht.

An dieser Stelle ist klar zu erkennen, dass die Interpretation von Glück eines Erwachsenen nicht mit der Interpretation von Glück eines Kindes gleichgestellt werden kann. Denn Kinder haben das Konzept von Geld und Reichtum noch nicht verstanden. Sie sind noch frei von der Idee, dass das persönliche Glück durch materielle Dinge beeinflusst wird. Darüber hinaus müssen sie sich auch nicht mit der Last von finanziellen Verpflichtungen befassen. Wenn Sie also denken mögen, dass Ihr Kind unglücklich ist, weil Sie ihm nicht die neuesten Spielzeuge oder Turnschuhe kaufen können, dann liegt das Unglück bei Ihnen und nicht bei Ihrem Kind.

Bedeutet die westliche Glücksdefinition nun, dass nur reiche Menschen echtes Glück erfahren können? Globale Studien zeigen häufig das Gegenteil auf. Es ist nicht selten, dass ökonomisch schwächere Länder glücklichere Einwohner haben als die klassischen Global Player. Vor allem in östlichen Ländern ist dieses Phänomen zu beobachten. Nach westlichen Standards sind die Menschen dort arm. Dies tut ihrem Glück jedoch keinen Abbruch. Denn der Faktor Geld spielt für die Zufriedenheit in diesen Kulturen nur eine untergeordnete Rolle. Zwischenmenschliche Beziehungen stehen hier oft im Vordergrund. Der Zusammenhang zwischen Geld und Glück kann in vielen Orten sogar als negativ nachgewiesen werden. In klassischen Entwicklungsländern wie Indien oder Indonesien nimmt das Glücklichsein mit zunehmendem Reichtum ab.

Aber auch im Vergleich zwischen ökonomisch gleich starken Ländern sind zwischen Ost und West Unterschiede zu finden. Japaner finden ihr Glück in Faktoren wie sozialer Harmonie und frei gewählter Enthaltsamkeit. Die Deutschen finden ihr Glück in individueller Freiheit oder persönlichen Leistungen.

Ein wichtiger Schnittpunkt für Glück ist die familiäre Bindung. Es gibt kein Land, in dem starke, familiäre Beziehungen nicht ein entscheidender Faktor für die eigene Zufriedenheit sind. Ein intaktes Familienleben ist daher auch für Sie eine ideale Grundlage, um glückliche Kinder zu erziehen. Dabei geht es nicht darum, dem gesellschaftlichen Standard gerecht zu werden. Es ist vielmehr das Ziel, dass die einzelnen Familienmitglieder, egal in welcher Konstellation, ein harmonisches Miteinander haben. Alleinerziehende Eltern, gleichgeschlechtliche Paare, Familien mit einem Kind oder mit sechs – Familienzusammenhalt funktioniert in allen Formen. Ist dieser jedoch gestört, wird sich dies negativ auf das Glücksempfinden Ihrer Kinder auswirken.

Wenn die Sprache Glück definiert

Wie unterschiedlich das Erleben von Glück in den einzelnen Regionen der Welt ist, lässt sich auch in der Sprache entdecken. Glück, glücklich sein, Glückseligkeit – es ist kaum möglich, den individuellen Sprachgebrauch dieser Begriffe in andere Sprachen zu übertragen. Auch wenn es Worte gibt, die in der Essenz das Gleiche meinen, werden diese nicht unbedingt gleich verwendet.

Mandarin bietet für jede Situation ein eigenes Glückswort. So lässt sich Glück ganz individuell benennen. Es gibt sogar einen Ausdruck für „guten Tod" – ein Begriff, der in der westlichen Welt keine Glücksgefühle hervorruft. Die Dänen zelebrieren das Konzept von „Hygge": ein Zustand des Glücklichseins, der vor allem in der inneren Zufriedenheit zu finden ist. Die Einwohner der USA begeben sich für ihre Suche nach dem Glück eher auf den Weg der gesellschaftlich anerkannten Errungenschaften wie akademische Leistungen oder finanzieller Erfolg. In Hongkong wird der Glücksbegriff für einen Zustand der Gelassenheit, Ruhe und Entspannung verwendet.

Im deutschsprachigen Raum wird Glück häufig als etwas Zufälliges angesehen. „Glück haben" ist etwas, das nicht immer in unserer Hand liegt. Ähnlich wird die Redewendung auch in Russland, Frankreich oder Norwegen benutzt.

Trotz der vielen Unterschiede zwischen den Kulturen gibt es ein paar Eckpfeiler, die in nahezu jeder Glücksdefinition auftauchen. Sie sind es, die unsere globale Identität vielleicht am besten beschreiben und deutlich machen, wie weitreichend wir miteinander vernetzt sind – obwohl oft Welten zwischen uns zu liegen scheinen:

- Gesundheit
- Familiäre Bindungen
- Freiheit
- Vertrautes und sicheres Umfeld

Dies zeigt deutlich, dass Glück auf einfachen Ideen und Bedürfnissen basiert. Insbesondere junge Kinder können diese Konzepte einfacher begreifen als komplexe soziale und kulturelle Strukturen.

Bonuskapitel: Warum dänische Kinder so glücklich sind

Es gibt regelmäßig Studien darüber, wie glücklich die Menschen in bestimmten Regionen sind. Die Dänen landen in fast allen Studien auf den vorderen Plätzen. Aber was macht die Dänen so glücklich? Experten gehen davon aus, dass das Glück der Erwachsenen bereits im Kindesalter geschmiedet wird. Vielleicht liegt hier auch die Antwort auf unsere Frage, denn die Art und Weise, wie dänische Eltern ihre Kinder erziehen, unterscheidet sich in vielen Bereichen drastisch vom Rest der Welt. Was also machen die Dänen anders, und was können wir von ihnen lernen?

Die OECD (Organisation für wirtschaftliche Entwicklung und Zusammenarbeit) benennt nun schon seit rund vierzig Jahren die glücklichsten Nationen der Welt. Und seit rund vierzig Jahren sind es immer wieder die Dänen, die auf den oberen Plätzen zu finden sind. Auch andere Studien und Berichte benennen die Dänen als besonders glücklich. In der Regel sind auch Norwegen und Finnland in diesen Rankings sehr weit oben zu finden.

Was ist es also, was die Dänen so glücklich macht? Denn wer nach vermeintlich negativen Aspekten sucht, der wird schnell fündig. Die Dänen zahlen hohe Steuern, sie müssen rund 50 % ihres Einkommens an den Staat abtreten. Auch das Wetter scheint kein gutes Argument für ein glückliches Leben zu sein: Lange, kalte und dunkle Winter würden die meisten eher als abschreckend empfinden.

Laut den Autorinnen Iben Dissing Sandahl und Jessica Joelle Alexander liegt das Geheimnis tatsächlich in der Kindererziehung. Die beiden Frauen haben sich über viele Jahre hinweg mit dänischen Erziehungsansätzen beschäftigt und sind davon überzeugt, dass glückliche Kinder zu glücklichen Erwachsenen heranwachsen. Und glückliche Erwachsene wiederum glückliche Kinder großziehen.

Erziehung soll vermitteln und nicht aufzwingen

Ein wichtiger Ansatz des dänischen Erziehungsmodells basiert darauf, den Kindern beizubringen, eigene Entscheidungen treffen zu können. Es werden keine fertigen Ideen und Ideologien aufgezwungen. Es geht also nicht darum, ein Kind einfach lernen zu lassen, was man selber für richtig oder falsch hält. Es geht darum, den Kindern die Fähigkeit beizubringen, selber zwischen richtig und falsch zu unterscheiden.

Um dies zu tun, betrachten dänische Eltern ihre Kinder von Anfang an als eigenständige Individuen, die sich frei entfalten dürfen. Dies beruht auf einem tiefen Respekt für jede einzelne Person. Denn jede Person, egal wie alt, hat ein ganz eigenes Verständnis für sich selbst und die Umwelt. Das Vermitteln von Lebenskompetenzen liegt im Fokus. So findet die Erziehung abseits von gesellschaftlichen Normen statt – die Kinder können ihren eigenen Weg finden und sich als Person selber definieren. Sie erlernen frühzeitig, dass sie als Person wichtig sind und der Weg zur eigenen Zufriedenheit nicht durch andere bestimmt werden sollte. Daher sind die folgenden Bereiche wichtige Grundpfeiler der dänischen Erziehung:

- Zusammenhalt
- Autonomie
- Sozialisation

- Selbstwert
- Demokratie

Diese Werte werden dabei nicht nur in den eigenen vier Wänden vermittelt. Auch das Schulkonzept ist darauf ausgelegt. In diesem Fall ist also auch die gesellschaftliche Akzeptanz der individuellen Persönlichkeitsentfaltung ein entscheidender Faktor für das Glücklichsein.

Für viele mag es überraschend sein, dass die Dänen keine klassische Leistungsgesellschaft abbilden. Denn in internationalen Bildungsvergleichen schneiden sie seit Jahrzehnten mit guten Ergebnissen ab. Aber weder Eltern noch Bildungsinstitute sind vom Konzept des Leistungsdrucks überzeugt. Wird ein Kind von Anfang an darauf gedrillt, gute Leistungen erbringen und sich somit vor anderen beweisen zu müssen, wird der innere Antrieb nicht entwickelt. Denn in einer klassischen Leistungsgesellschaft handelt es sich um ein reaktives Modell. Die Gesellschaft fordert, und wir liefern ab. Dänemark setzt aber in der Bildung auf ein aktives Modell.

Kinder dürfen Freiräume nutzen und erleben. Ihnen wird mit Vertrauen begegnet. Das Modell geht davon aus, dass die Kinder in der Lage sind, eigenständig Lösungen zu finden und Hindernisse zu überwinden. Eltern konzentrieren sich darauf, Hilfestellungen zu geben, wenn diese benötigt werden. Dieser Ansatz der Kindeserziehung bietet dabei Vorteile für Eltern und Kinder. Die Kleinen lernen frühzeitig, sich über das eigene Handeln Gedanken zu machen. Sie entwickeln ein ausgeprägtes Selbstbewusstsein und erlernen Respekt gegenüber sich selbst und anderen. Eltern umgehen Konfliktsituationen. Denn viele Eltern-Kind-Konflikte basieren darauf, dass die Erziehungsperson eine bestimmte Idee auf die Kinder übertragen möchte. Entfällt dieser Zwang, konform zu sein, entfällt auch das Konfliktpotenzial.

Drei Grundsätze des dänischen Erziehungskonzeptes

Die Dänen praktizieren diese Art der offenen und respektvollen Erziehung seit vielen Jahrzehnten. Daher gibt es unzählige Wege, diese Art der Erziehung erfolgreich umzusetzen. Drei der wichtigsten Leitsätze der dänischen Erziehung sind die folgenden:

- Freies Spielen fördert die Persönlichkeitsentfaltung
- Richtiges Loben dient der Entwicklung von Selbstbewusstsein
- Gelassenheit gewinnt

Es gibt zahlreiche Studien darüber, dass das Spielen einen wichtigen Platz in jeder Erziehungsform einnimmt. Spielen hilft dabei, soziale Kompetenzen zu erlangen. Kinder erlernen im Umgang mit anderen Kindern, Stresssituationen zu bewältigen oder auch die eigenen Vorlieben herauszufiltern. Darüber hinaus nutzen Kinder die Spielzeit dazu, Dinge zu verarbeiten, die ihnen zum Beispiel während des Tages widerfahren sind.

Freies Spielen wird in den klassischen Industrieländern immer mehr vernachlässigt. Eltern setzen bereits in der frühkindlichen Erziehung darauf, möglichst viele „lehrreiche" Aktivitäten einzuplanen. Anstatt den Nachmittag mit den Freunden auf dem Spielplatz zu verbringen, gehen die Kleinen also in den Musikunterricht oder in den Sportverein. Auch wenn dort ebenfalls wichtige Kompetenzen erlernt werden, gehen viele Experten davon aus, dass die Spielzeit zu kurz kommt. Denn im Vergleich zum Musikunterricht hilft das Spielen mehr dabei, eine selbstbewusste und eigenständige Persönlichkeit zu entwickeln.

Dass Spielen für Kinder wichtig ist, kann sogar neurobiologisch nachgewiesen werden. Das freie Spielen mit Freunden oder auch alleine führt zu einer höheren Hirnstimulation als andere Aktivitäten. Vor allem aber werden dabei wichtige Hirnareale „trainiert", wie etwa die Fähigkeit, kreativ zu denken. Um das eigene Potenzial voll entfalten zu können, ist es für Kinder daher wichtig, möglichst viel Zeit mit dem Spielen zu verbringen.

In Dänemark ist das freie Spielen ein wichtiger Teil der täglichen Erziehung. Eltern treten dabei bewusst zurück. Sie verzichten zum Beispiel darauf, zu erklären, wie man mit bestimmten Sachen richtig spielt. So können die Kinder ihren ganz eigenen Weg gehen und individuelle Lösungen und Denkansätze entwickeln. Auch das dänische Bildungssystem setzt auf Spielzeit. Der reguläre Schulunterricht endet um 14 Uhr. Anschließend gibt es spezielle Freizeitschulen, in denen es in erster Linie darum geht, miteinander zu spielen.

Richtiges Loben ist ein weiterer Faktor für den Erfolg der dänischen Erziehung. Man könnte meinen, dass Kinder, die viel gelobt werden, auch glücklich darüber sind. Doch häufig ist das Gegenteil der Fall. Wird unnötig viel gelobt, liegt das Erfolgsgefühl nicht mehr darin, etwas geschafft zu haben, sondern darin, gelobt zu werden. Entfällt dieses Lob, fehlt die gewohnte Bestätigung. Das Glücksempfinden des Kindes ist in diesem Fall abhängig davon, was andere sagen. Dabei sollte es in der Lage sein, Glück aus seinen eigenen Handlungen ziehen zu können. Das konstante Loben kann auch dazu führen, dass Kinder eine verzerrte Wahrnehmung der Realität entwickeln. So sind Kinder, die übermäßig viel gelobt werden, häufig davon überzeugt, dass nur unfähige oder weniger intelligente Kinder sich für Erfolge anstrengen müssen. Denn sie selber sind es ja gewohnt, auch ohne Aufwand ein Lob abzustauben. Kommt es dann zu einer Situation, in der nicht automatisch ein Lob gegeben wird, sind die Kinder schnell überfordert. Oft greifen sie dann sogar auf fragwürdige Hilfsmittel wie Lügen oder Schummeln zurück, um das gewünschte Ergebnis zu bekommen. So entsteht ein unnötiger Selbstdruck, der ohne Frage unglücklich macht.

Individuelles Loben, das sich auf die investierte Arbeit, die tatsächlichen Ergebnisse und persönliche Erfolge bezieht, ist daher der beste Ansatz. Das Kind lernt, dass es keine Anerkennung von anderen braucht, um seinen Erfolg zu erkennen. Dänische Eltern setzen daher auf einen Dialog.

Tom hat im Kindergarten ein Bild gemalt. Viele Eltern würden hier eine klassische Reaktion zeigen: „Toll Tom, das ist aber ein schönes Bild. Hast du wirklich sehr gut gemacht!" Eine typisch dänische Art der Anerkennung könnte so aussehen: „Hast du dieses Bild ganz allein gemalt? Erzähle mir doch mal, was genau du dort gemalt hast." Es wird Wertschätzung dafür gezeigt, dass das Kind etwas eigenständig erarbeitet hat. Die Frage nach dem Inhalt zeigt, dass seine Ideen relevant sind.

Es ist keine Seltenheit, dass Eltern die Entwicklungsphase ihres Kindes vom zweiten bis zum vierten Lebensjahr als extrem anstrengend empfinden. Die Kleinen entdecken jeden Tag etwas Neues und wollen immer wieder ihre Grenzen austesten. Die Dänen warten gespannt auf diese Phase. Denn sie sehen diese Zeit als eine willkommene Lernphase an, in der Kinder damit beginnen, ihre Eigenständigkeit zu erlernen und ihre eigene Persönlichkeit zu entwickeln. Allein diese unterschiedliche Betrachtungsweise hilft dabei, den Alltag entspannter zu meistern.

Auch sehen dänische Eltern in ihren Kindern in erster Linie das Gute. Sie gehen davon aus, dass diese die richtige Entscheidung treffen. Und wenn dem mal nicht so ist, dann stehen die Eltern ihrem Nachwuchs unterstützend zur Seite. Diese Grundeinstellung unterscheidet sich ebenfalls drastisch von vielen anderen Erziehungsmodellen. Oft wird davon ausgegangen, dass Kinder ohne eine ordentliche Führung nicht in der Lage sind, die richtigen Entscheidungen zu treffen. Wenn Sie also gelassen bleiben und darauf vertrauen, dass gesetzte Regeln eingehalten werden, können Sie für Ihr Kind und sich selbst viel Stress vermeiden.

Kapitel 2
Phasen der Kindesentwicklung

Die Entwicklungsphasen von Kindern wurden bereits hundertfach untersucht. Es gibt daher eine Reihe von Modellen zu diesem Thema. Besonders bekannt sind dabei die Ansätze von Freud und Erikson. Freud benannte die Phasen der psychosexuellen Entwicklung. Erikson erarbeitete das Stufenmodell der psychosozialen Entwicklung. Beide Modelle sind unheimlich komplex und vielschichtig. Im Folgenden finden Sie eine grobe Zusammenfassung der wichtigsten Punkte und ein Bezug darauf, welche Relevanz die einzelnen Phasen der Kindesentwicklung für das Verständnis von Glück haben.

0-1 Jahr: Neugeborene und Babys

Zu keinem anderen Zeitpunkt in unserem Leben schreiten die körperliche und geistige Entwicklung so schnell voran wie in den ersten zwölf Lebensmonaten. Ein Neugeborenes ist absolut hilflos und in allen Bereichen auf die Hilfe von außen angewiesen. Kaum ein Jahr später kann es sich bereits eigenständig bewegen und beginnt damit, seinen eigenen Willen zu entwickeln. Während dieser Zeit baut Ihr Kind eine Art Urvertrauen auf. Es weiß, es ist jemand da, der es beschützt und sich um es kümmert. Gleichzeitig realisiert das Kind, dass es zunehmend in der Lage ist, Situationen selber zu kontrollieren. Viele Babys zeigen aktive Anstrengungen, sich zum Beispiel hinsetzen oder nach Dingen greifen zu wollen.

2-3 Jahre: Kleinkinder

Die körperlichen wie mentalen Fähigkeiten erlauben Ihrem Kind nun, seine eigenen Entscheidungen zu treffen. Es ist die spannende Zeit, in der Ihr Kind viele Dinge zum ersten Mal macht. Für Sie sind damit ganz eigene Erwartungen, Ängste und Emotionen verbunden. Erleben Sie diese Phase als sehr stressig, weil Sie zum Beispiel ständig Angst haben, dass Ihrem Kind etwas passieren könnte, wird sich dies auch auf das Verhalten des Kindes auswirken. Sind Sie neugierig, zu erfahren, wie Ihr Kind mit den neuen Herausforderungen umgeht, wird sich dies ebenfalls bei Ihrem Kind bemerkbar machen.

Kinder lernen in dieser Phase zwischen „Deinem" und „Meinem" unterscheiden zu können. In diesem Zusammenhang bildet sich auch das Ich-Verständnis aus. Damit ist der Grundstein für autonomes Denken und Handeln gelegt. Ein wichtiger Schritt, um ausgeglichen und zufrieden sein zu können.

4-5 Jahre: Kindergartenkinder

Die Grundlagen für eine individuelle Persönlichkeitsentwicklung sind nun gelegt. Es ist an der Zeit, in die Welt hinauszugehen. Nun ist es nicht mehr nur das gewohnte Familienumfeld, das im täglichen Leben eine Rolle spielt. Kinder beginnen damit, die täglichen Einflüsse aktiv zu verarbeiten – ob beim Spielen oder durch kreative Beschäftigungen. Rollenspiele sind ein guter Weg, neue Ideen und Konzepte zu verstehen. Die Kinder schließen Freundschaften und begreifen, dass nicht jeder immer der gleichen Meinung ist.

In dieser Phase können wichtige Grundlagen manifestiert werden. Erlauben Sie Ihrem Kind, sich frei zu entfalten und ein Verständnis dafür zu bekommen, wie man eigenständig Lösungen für Probleme findet.

6-7 Jahre: Vorschulkinder

In dieser Phase durchlaufen Kinder eine drastische körperliche Veränderung. Die Proportionen verschieben sich deutlich – und damit auch der Körperschwerpunkt. Es ist also keine Seltenheit, dass die Kleinen im wahrsten Sinne des Wortes über ihre eigenen Füße stolpern oder ständig irgendwo anecken.

Natürlich kommt es auch zu einer geistigen und emotionalen Weiterentwicklung. Ihr Kind ist in der Lage, immer größere Zusammenhänge zu verstehen und beginnt damit, Dinge zu hinterfragen. Es findet seinen eigenen Platz in seiner Umwelt. Das kann eine Reihe von großen und kleinen Herausforderungen mit sich bringen. So stehen Vorschulkinder plötzlich zum ersten Mal vor der Aufgabe, Leistungen erbringen zu müssen und bestimmten Erwartungen gerecht zu werden. Wird der Erwartungsdruck so gering wie möglich gehalten, geben Sie Ihrem Kind eine gute Chance, einen inneren Antrieb zu entwickeln.

7-13 Jahre: Schulkinder

In dieser Phase werden die Kinder mit jedem Tag selbständiger. Sie verlieren die persönliche Abhängigkeit von den Eltern. Sie können sich selbst anziehen, bauen sich ein eigenes soziales Umfeld auf und können den Alltag in vielen Bereichen alleine meistern. Gleichzeitig bleibt eine grundlegende Abhängigkeit von den Eltern weiterhin bestehen, was nicht selten zu Problemen führt. Häufig geht es hier um Bereiche, die den Familienalltag betreffen, wie gemeinsame Unternehmungen planen, einen Tagesablauf einhalten oder Familienregeln befolgen.

Die frühen Schuljahre sind ein guter Testlauf für das, was in den Teenagerjahren auf eine Familie zukommt. Denn hier treffen zwei Welten aufeinander. Die Eltern, die für ihre Kinder nur das Beste wollen und sich gerne mal in alles einmischen, und die Kinder, die ihre eigenen Wege gehen und ihre eigenen Erfahrungen machen möchten.

Um in dieser Phase möglichst wenig Konfliktpotenzial zu haben, muss bereits in früher Kindheit der Grundstein für ein respektvolles Miteinander gelegt werden. Vertrauen die Eltern ihren Kindern und kennen Kinder ihre Grenzen, wird der Weg durch die Pubertät ein wenig leichter. Aber lassen Sie sich nicht blenden: Selbst die besten Kinder verwandeln sich zumindest für eine kurze Zeit in anstrengende Heranwachsende. Da heißt es dann „Augen zu und durch!"

Jede Phase positiv betrachten

Um glückliche Kinder großzuziehen, braucht es glückliche Erwachsene. Daher ist es kontraproduktiv, die einzelnen Entwicklungsphasen nach negativen Aspekten zu beurteilen. Leider ist dies in unseren Regionen häufig der klassische Erziehungsansatz. Allein die Tatsache, dass sich der Begriff „Trotzphase" etabliert hat, zeigt auf, dass Erziehung oft als Herausforderung und nicht als Privileg wahrgenommen wird.

Was kann es Schöneres geben, als einem kleinen Menschen dabei zuzuschauen, wie er seinen eigenen Weg findet und eine eigene Persönlichkeit entwickelt? Wenn Sie sich dazu hinreißen lassen, einen Dreijährigen mit eigenem Willen als trotzig zu betrachten, dann verpassen Sie die kleinen und großen Momente, in denen Ihr Kind zu der Person heranwächst, die es sein möchte. Ein Beispiel zur Veranschaulichung:

> *Anna mag keinen Brokkoli. Sie mag auch keine Tomaten, und Kartoffeln mag sie schon gar nicht. Dabei haben Mama und Papa ihr doch immer wieder gesagt, dass das Gemüse so unheimlich gesund ist. Und außerdem ist es doch auch total lecker. Sie muss das doch essen, damit sie groß und stark wird! Aber Anna hat einfach keine Lust, die kleinen*

grünen Bäumchen zu essen. Annas Eltern sind schwer genervt davon, dass ihre Tochter sich weigert, die ganzen tollen und gesunden Sachen zu essen – diese Trotzphase ist wirklich anstrengend!

Winston isst auch keinen Brokkoli. Tomaten isst er nur selten. Aber er hat vor kurzem Kartoffeln für sich entdeckt – und zwar ganz von alleine. Mama und Papa essen die auch immer. Scheint ihnen gut zu schmecken. Sie haben sie nicht einfach auf seinen Teller geschoben, obwohl er das gar nicht wollte. Sie haben das Essen einfach angeboten und geschaut, was ihn so interessiert. Wie es scheint, findet er grünes Essen nicht so spannend. Wirklich interessant, wie er seinen eigenen Geschmack entwickelt!

Das gleiche Problem, ein anderer Ansatz, damit umzugehen. Das Glück des Kindes und das eigene Glück sind eng miteinander verflochten. Werden auch Herausforderungen der Erziehung als positiv wahrgenommen, ist das ein klarer Vorteil für alle Beteiligten.

Schon als Baby glücklich sein

Es gibt Neugeborene, die schlafen bis zu 20 Stunden am Tag. Die kurzen Wachphasen verbringen sie dann damit, nach Essen zu rufen und Kuscheleinheiten zu verlangen. Da ist ja wohl kaum Zeit, am Glücklichsein zu arbeiten, oder? Auch in den folgenden Monaten scheint es nur schwer vorstellbar, dass einem Baby das Konzept von Glück oder Unglück hilfreich ist. Und natürlich geht es hier nicht darum, dass sich ein Baby aktiv darüber im Klaren ist, dass es glücklich ist. Dennoch gibt es glückliche und weniger glückliche Babys.

Im ersten Lebenshalbjahr wird das Wohlsein eines Babys zu einem großen Teil durch Hormone gesteuert. So gibt es etwa das Hormon Oxytocin. Sowohl Mama als auch Baby schütten dieses aus. Und zwar immer dann, wenn sich die beiden nah sind. Das Hormon entspannt und macht glücklich. Es unterstützt den Aufbau einer intensiven Bindung zwischen Mutter und Kind.

Intensiver Körperkontakt ist daher wichtig für Babys. Das Oxytocin wird bei stillenden Müttern in höherer Konzentration freigesetzt. Aber auch Mütter, die nicht stillen können oder möchten, profitieren von der stimulierenden Wirkung dieses Hormons.

Ausreichende Nahrung, ein warmes Bett und eine positive Umgebung sind ebenfalls zuträglich für das Glück eines Babys. Diese Punkte decken die Grundbedürfnisse eines jeden Menschen ab.

Babys spiegeln häufig die allgemeine Stimmung ihrer Umgebung gut wider. Ein entspanntes Baby, das sich wenig aus der Ruhe bringen lässt, ist oft auch von gelassenen Eltern und Geschwistern umgeben. Ist das Baby gereizt und unruhig, ist es wahrscheinlich, dass die Umgebung oft angespannt und stressig ist. Das bedeutet aber nicht, dass ein Baby nur dann glücklich ist, wenn es sich permanent in einer entspannten und ruhigen Umgebung befindet. Es gibt auch positive Unruhe. Tobende Geschwisterkinder, viele Kuscheleinheiten von freudigem Besuch und ausgelassenes Lachen sind vielleicht ein bisschen anstrengend, aber auf keinen Fall negativ für ein Baby. Wichtig ist in diesem Fall, ausreichend Ruhepausen zu bieten.

Vergessen Sie nicht, dass niemand perfekt ist. Wenn Sie also die Ruhe mal verlässt und Sie in einem kleinen Wutanfall mit Mann oder Frau streiten oder es zu einem lauten Argument mit älteren Geschwistern des Babys kommt, ist das nicht gleich ein Beinbruch. Babys werden zwar in diesen Momenten gestresst reagieren, kommen aber recht schnell über die schlechte Laune hinweg. Sie verzeihen ein wenig Ärger schnell. Ist das Kind jedoch permanent in einer negativen und aggressiven Umgebung, kann dies drastische Auswirkungen haben, die sowohl die Physis als auch die Psyche des Babys negativ beeinflussen.

Gefühle vermitteln ist wichtig

Babys werden auf vielen Ebenen stimuliert. Die Wahrnehmung der Umgebung ist da nur ein Faktor, um Glück bzw. positive Gefühle zu erfahren. Soll das Kind sich glücklich fühlen, können Sie aktiv glückliche Gefühle vermitteln, nämlich durch:

- Sensorische Stimulation
- Verbale Stimulation
- Visuelle Stimulation

Babys reagieren also auf optische Reize, auf Berührungen und auch auf Musik, Sprache oder andere Geräusche. Auf welche Art wir unseren Kindern gegenüber Gefühle vermitteln, ist eine ganz individuelle Sache. Häufig ist es jedoch durch den kulturellen Kontext vorbestimmt. So greifen Europäer vermehrt auf die verbale Kommunikation zurück. Wir neigen dazu, ab dem ersten Tag mit dem Baby zu sprechen. Dabei greifen wir sowohl auf die bekannten „Gugu-Gagas" als auch auf unseren vollen Wortschatz zurück. In der westlichen Welt ist es auch weit verbreitet, bereits zum heranwachsenden Baby im Mutterleib zu sprechen.

Andere Völker setzen auf körperliche Nähe. In afrikanischen Kulturen werden Babys nahezu den ganzen Tag von der Mutter herumgetragen. In Asien ist es nicht unüblich, die Kleinen schon früh musikalisch zu stimulieren und für sie zu singen.

Die Art und Weise, wie wir unseren Babys und Kleinkindern gegenüber Gefühle ausdrücken, beeinflusst diese ein Leben lang. Fällt es jemandem schwer, körperliche Nähe in Form von Umarmungen oder Kuscheln zu zeigen, wurde diese Person wahrscheinlich selbst mit wenig körperlicher Nähe erzogen. Andere sind in der Lage, selbst Fremde mit einer freudigen Umarmung zu begrüßen, scheitern aber daran, über ihre Gefühle zu sprechen.

Hier wird deutlich, dass das Glück unserer Kinder auch vom gegebenen Kontext abhängig ist. Während in der einen Familie ein Kind als glücklich angesehen wird, wenn es verbal freudige Gefühle ausdrücken kann, wird in einer anderen Familie darauf Wert gelegt, dass man sich mit einer Umarmung begrüßt.

Unabhängig von Kulturen ist oftmals zu beobachten, dass Jungen und Mädchen, auch im Babyalter, unterschiedlich behandelt werden. Von einem Mädchen wird oft erwartet, dass es in der Lage ist, seine Gefühle zu zeigen und zu benennen. Jungen werden gegenteilig behandelt. Selbst in modernen Gesellschaften ist es noch immer nicht voll anerkannt, als Junge und später auch als Mann eine sensible und gefühlvolle Seite zu zeigen.

Kann man Glück erlernen?

Glück ist nicht nur Ansichtssache. In einem glücklichen Moment produziert unser Gehirn eine Reihe von Neurotransmittern. Am bekanntesten ist das Dopamin. Die Dopaminproduktion wird im sogenannten Belohnungszentrum unseres Gehirns angeregt. Wird dieser Teil unseres Gehirns stimuliert, beginnt die Ausschüttung der Glückshormone.

Es gibt eine Reihe von Situationen, die für einen kurzfristigen Anstieg von Dopamin sorgen. Dopamin wird u. a. ausgeschüttet, wenn wir gelobt werden, eine Aufgabe erledigen oder uns geliebt und wertgeschätzt fühlen. Je höher der Dopaminspiegel im Körper ist, umso glücklicher fühlen wir uns.

Forscher gehen davon aus, dass es möglich ist, den Hormonspiegel aktiv zu beeinflussen, auch für einen Langzeiteffekt. Grundsätzlich ist es dafür wichtig, aktiv zu werden. Wer den ganzen Tag nur auf der Couch sitzt und Trübsal bläst, wird seinen Hormonhaushalt kaum positiv beeinflussen. Denn der Körper wird nicht aktiv dazu angeregt.

Um dies umzusetzen, ist es nicht notwendig, besondere oder schwere Aufgaben zu meistern. Bereits alltägliche Aufgaben, wie das Bad putzen oder den Rasen mähen, regen die Dopaminproduktion an. Wichtig ist, dass man sich ein Ziel setzt und dieses auch erreicht. Wer sich regelmäßig kleine, erreichbare Ziele steckt, kann so seine Dopaminmuskel aktiv trainieren – und das zumeist ganz ohne große Anstrengung. Kommen dann noch besondere Errungenschaften hinzu, wird das Glücklichsein weiter gestärkt. Werden unerreichbare Ziele ins Auge gefasst, geht das Konzept nicht auf. Es ist sogar kontraproduktiv für das Streben nach Glück. Anhaltende Misserfolge hinterlassen dann auch im Hormonhaushalt ihre Spuren.

Die Psychologin Carol Ryff hat sich umfassend mit der Frage beschäftigt, ob man das Glücklichsein erlernen kann. Sie ist zu dem Entschluss gekommen, dass es sechs Säulen für das Wohlbefinden gibt:

- Selbstakzeptanz
- Soziale Bindungen
- Autonomie
- Lebenszweck
- Aktive Gestaltung der eigenen Umwelt
- Persönliches Wachstum

Diese Säulen helfen dabei, den Körper und den Geist zum Glücklichsein zu trainieren.

Diese Erkenntnisse lassen sich sehr gut in ein ganzheitliches Erziehungskonzept einbinden. Wenn Sie Ihrem Kind dabei helfen, Selbstakzeptanz zu erlangen und Autonomie fördern, wird es ihm leichtfallen, bedeutsame soziale Bindungen aufzubauen. Wenn das Umfeld aktiv nach den eigenen

Wünschen und Bedürfnissen gestaltet werden kann, ist es leichter, seinen individuellen Platz im Leben und damit einen Lebenszweck zu finden. Wird vermittelt, dass persönliches Wachstum etwas Positives ist, das nicht zwingend auf der Erfüllung gesellschaftlicher Normen basiert, ist ein weiterer Grundstein für eine erfolgreiche Suche nach dem Glück gelegt.

Glück lernen im Alltag

Wie also können Sie Ihren Kindern beistehen, wenn es darum geht, das Glücklichsein aktiv zu erlernen? Das Lernen durch Nachahmen ist für junge Kinder bis zu einem Alter von etwa sechs Jahren sehr relevant. Sie beobachten ihre Umgebung und imitieren eine Vielzahl von Verhaltensweisen. Dies kann sich auf die Art beziehen, wie sie sprechen oder sich bewegen. Aber auch spezielle Aufgaben, wie etwa das Packen der Kindergartentasche, schauen sich die Kleinen bei uns ab.

Möchten Sie Ihr Kind aktiv dabei unterstützen, glücklich zu sein, sollten Sie daher als Vorbild dienen. Zeigen Sie Ihren Kindern, dass es sich gut anfühlt, kleine und große Aufgaben zu erledigen. Erklären Sie dabei, dass es nicht darum geht, die Aufgaben für jemand anderen zu erfüllen. Es geht auch nicht darum, anschließend ein Lob zu erhalten. Es geht darum, wie man sich selber fühlt oder welchen Vorteil man für sich daraus ziehen kann. Der ständige Kampf darum, Spielzeug wegzuräumen oder sich um das ganze Kinderzimmer zu kümmern, ist dafür ein gutes Beispiel.

Ein Grund dafür, dass Kinder sich weigern, nach dem Spielen aufzuräumen, ist darin begründet, dass sie für sich selbst keinen Vorteil darin sehen. Das Aufräumen wird als ein „Muss" vermittelt, das lediglich dazu dient, die nervigen Eltern ruhigzustellen. Wird aber ein Selbstnutzen aufgezeigt, kann sich die Sichtweise verschieben:

Emil beobachtet Papa dabei, wie er im Flur die Schuhe in das Regal stellt und seine Jacke ordentlich aufhängt. Das macht Papa immer. Emil fragt sich, warum die Jacke ausgerechnet dort hängen muss. „Damit ich die Jacke leicht finde, wenn ich sie brauche." Oma verbringt viel Zeit damit, das Badezimmer zu putzen. Aber warum ist es so wichtig, das Waschbecken immer wieder zu schrubben? „Weil es mich glücklich macht, in einem sauberen Badezimmer meine Hände zu waschen."

Emil sitzt am Abend zwischen all seinen Legosteinen auf dem Boden. Ein paar liegen unter dem Bett, ein paar sind unter dem Schrank verschwunden. Wenn er sie jetzt in die große Kiste packt, dann weiß er morgen ganz genau, wo er sie zu suchen hat. Und wenn er dann auch noch seine dreckigen Socken in den Wäschekorb bringt, dann zieht er sie nicht aus Versehen noch einmal an – denn Emil mag das Gefühl von frischen Socken ganz besonders gern.

Wissenschaftler haben herausgefunden, dass das Nachahmen bei Kindern einen besseren Lerneffekt bietet, wenn diese verstehen, warum etwas gemacht wird. In der Tat werden für die Handlung und die Intention der Handlung zwei verschiedene Hirnareale angesprochen – obwohl das eine eigentlich nicht vom anderen zu trennen ist. Wenn Sie also mit positivem Beispiel vorangehen und Ihrem Kind zeigen, dass das Erledigen von kleinen und großen Aufgaben ein toller Weg ist, um sich glücklich zu fühlen, erklären Sie dieses Konzept. Sagen Sie ihm beispielsweise: „Wenn du deine Hausaufgaben gleich nach dem Mittagessen machst, hast du den ganzen Nachmittag Zeit zum Spielen – das fühlt sich richtig gut an." Verzichten Sie auf „Muss"-Aussagen: „Wenn du heute Nachmittag spielen willst, dann musst du deine Hausaufgaben jetzt machen." Denn plötzlich liegt der Fokus nicht mehr darauf, welchen positiven Effekt das Kind für sich selbst schaffen kann, sondern dass es etwas machen muss. Hat sich das Kind erst einmal daran gewöhnt, das Ziel seiner Handlungen zu hinterfragen, ist es leichter, Entscheidungen zu treffen, die aktiv zum Glücklichsein beitragen.

Bonuskapitel: Sind Mädchen und Jungs anders glücklich?

Dass Glück eine ganz individuelle Sache ist, scheint klar. Es gibt einfach keine Formel, nach der sich das Glück bauen lässt. Ein bereits beschriebener Faktor für das persönliche Glücksempfinden ist der kulturelle Hintergrund. Ein weiterer Faktor, der eine Rolle spielen kann, ist das Geschlecht des Kindes. Dies basiert nicht darauf, dass es drastische Verhaltens-, Wahrnehmungs- oder Entwicklungsunterschiede zwischen Jungen und Mädchen gibt. Es begründet sich vielmehr darin, dass wir seit Jahrtausenden in einer gedanklichen Trennung leben. Selbst moderne und offene Eltern sind nicht davor geschützt, Jungen und Mädchen anders zu betrachten. Und auch wenn es Ihnen gelingen sollte, sich nicht durch die Außenwelt beeinflussen zu lassen, wird die Außenwelt früher oder später auf Ihr Kind Einfluss haben.

Was also ist Jungenglück und was ist Mädchenglück? Da für Kinder der Zustand des Glücklichseins häufig vor allem dann auftritt, wenn Sie bevorzugten Interessen nachgehen können, gibt es vor allem in den frühen Lebensjahren kaum einen Unterschied zwischen den Geschlechtern. Kuscheln mit den Eltern, Seifenblasen platzen lassen mit der großen Schwester oder mit den Freunden auf der Rutsche spielen – hier sind Jungen und Mädchen gleichermaßen glücklich.

Eine erste Unterscheidung beginnt zumeist im Kindergarten. Hier werden die Kleinen zum ersten Mal deutlich mit klassischen Denkstrukturen konfrontiert. Diese können sowohl von den Erziehern als auch von anderen Kindern und deren Eltern stammen. Jungs dürfen wild toben und sich schmutzig machen, Mädchen werden schneller mal gerügt, wenn sie schreiend durch den Garten rennen. Auch ist es keine Seltenheit, dass typische Jungen- und Mädchenspielzeuge ausgegeben werden. Möchte Thomas sich als Prinzessin verkleiden, kann das durchaus schnell unterbunden werden.

Das Resultat ist, dass auch heute noch klare Verhaltensstrukturen für Jungen und Mädchen geschaffen werden. Obwohl ein gesellschaftliches Umdenken stattfindet, ist die Geschlechtertrennung noch immer ein relevantes Thema. Mädchen werden darin bestärkt, in der Ruhe Glück zu finden – Bücher lesen, sich kreativ ausleben oder mit Puppen spielen sind dafür klassische Beispiele. Jungen dürfen laut sein und sich auch mal streiten, ohne dass gleich jemand dazwischen geht. Wird Glück von Jungen und Mädchen also unterschiedlich wahrgenommen, dann liegt das in erster Linie an den relevanten Umwelteinflüssen.

Ob Sie auf ein geschlechterspezifisches Erziehungsmodell setzen oder Sie sich für einen modernen Erziehungsansatz entscheiden, ist dabei nicht unbedingt relevant für das Glücklich- oder Unglücklichsein Ihres Kindes. Wichtig ist, dass Werte vermittelt werden, ohne diese aufzuzwingen. Denn ob Junge oder Mädchen – wer gezwungen wird, ist selten glücklich.

In diesem Zusammenhang möchte ich eine bewährte Technik der Kommunikation vorstellen. Sie lässt sich in allen Bereichen des Lebens anwenden. Sie funktioniert für die Vermittlung von Regeln, Lernkonzepten oder auch Wissensinhalten. Um eine erfolgreiche Kommunikation mit Kindern sicherzustellen, eignet es sich gut, nach diesem Vier-Stufen-Modell vorzugehen:

- Inhalt benennen
- Gefühle ausdrücken

- Lösung anbieten
- Feedback erfragen

Ihre Kinder sind in einen Streit darüber geraten, wer zuerst mit dem neuen Feuerwehrauto spielen darf. Anstatt einfach zu sagen: „Thomas bekommt es jetzt zuerst, und dann müsst ihr wechseln!", könnte dies eine Alternative sein:

> „Ihr zwei streitet euch über das neue Feuerwehrauto. Das finde ich sehr schade, und es macht mich ein wenig traurig, dass ihr euch streitet. Es wäre doch schön, wenn ihr gemeinsam mit dem Auto spielt. Oder habt ihr eine andere Idee?"

Indem genau benannt wird, worum es geht, kann es nicht zu Missverständnissen kommen. Je jünger die Kinder sind, umso wichtiger ist dieser Schritt. Das Ausdrücken Ihrer Gefühle zu dieser Situation zeigt den Kindern auf, dass es nicht nur die beiden betrifft. Außerdem regt es dazu an, auch über die eigenen Gefühle in dieser Situation nachzudenken. Das Anbieten einer Lösung hilft dabei zu erkennen, dass es einen Ausweg aus der Situation gibt. Die Frage nach eigenen Lösungsansätzen zeigt, dass die Meinung der Kinder wertgeschätzt wird.

Diese Technik eignet sich auch, um eigene Ideen zu präsentieren, ohne diese dem Kind aufzuzwingen. Vielleicht möchten Sie, dass Ihr Kind mehr mit anderen Kindern spielt. Dann könnten Sie es mit folgender Aussage versuchen:

> „Wir sind an diesem Wochenende die ganze Zeit zu zweit gewesen. Du hast keine deiner Freundinnen aus dem Kindergarten besucht. Ich finde es schade, dass du nicht auch am Wochenende mit deinen Freundinnen aus dem Kindergarten spielen magst. Vielleicht verabreden wir uns mal mit Lisa und ihrer Mama auf dem Spielplatz? Oder was möchtest du gerne mal mit einer Freundin unternehmen?"

Kapitel 3
Was Kinder wirklich brauchen

Als Erwachsene neigen wir dazu, unsere Meinung über die der Kinder zu stellen. Schließlich haben wir schon jede Menge Erfahrungen gemacht, wissen genau, was gut ist und was nicht – und ganz abgesehen davon, sind wir halt die Erwachsenen. Diese Überzeugung ist ein fundamentaler Bestandteil der westlichen Erziehungskultur. Seit Jahrhunderten basiert das Erziehungssystem darauf, dass Kindern gesagt wird, was sie zu tun und zu lassen haben. In Deutschland ist diese Ideologie dabei besonders stark verankert. Der Grund dafür ist in der Zeit um den Zweiten Weltkrieg herum zu finden.

Unter der Führung Hitlers sollte ein Reich erbaut werden, das aus gehorsamen Gefolgsleuten besteht. Denn nur wer ungefragt Befehle entgegennimmt, kann für jeden gewünschten Zweck verwendet werden. So gab es zu Zeiten Hitlers unzählige Erziehungsratgeber und jede Menge Propagandaschriften, die klare Modelle vertraten: Kinder müssen den Anweisungen der Erwachsenen folgen – und das ohne Widerworte. Denn wenn diese Ideologie bereits im Kindesalter manifestiert wird, wird sie auch im Erwachsenenalter anerkannt. Die Manifeste aus dieser Zeit gingen sogar noch weiter. So ist das bekannte „das Baby einfach mal schreien lassen" auch dem Gedankengut aus diesen Jahren zuzuschreiben. Es sollte dazu dienen, die Kinder vor dem Verweichlichen zu schützen. Eine zu große Fürsorge wurde als kontraproduktiv für das Erziehen von zukünftigen Soldaten angesehen.

Heute wissen wir, dass eine erfolgreiche Erziehung vor allem auf gegenseitigem Vertrauen und einem respektvollen Umgang miteinander basiert. Hier sind die Dänen mal wieder Vorreiter. Sie erkennen Kinder von Beginn an als Individuen mit ganz eigenen Wünschen und Bedürfnissen an. So findet bereits im frühen Kindesalter ein Dialog darüber statt, was die Kinder möchten. Werden die Wünsche adäquat adressiert, ist es möglich, dem Kind aktiv beim Glücklichsein beiseitezustehen.

Im deutschsprachigen Raum findet das Modell der Erziehung auf Augenhöhe zwar zunehmend Anerkennung, wird aber in vielen Bereichen noch nicht umgesetzt. Denn die klassischen Ideologien unserer Kultur sind in vielen Dingen einfach noch zu stark verankert – bewusst oder unbewusst.

Wie also können wir uns dieses Wissen zunutze machen? Was bedeutet es, mit Kindern auf Augenhöhe zu kommunizieren? Wenn es darum geht, glückliche Kinder zu erziehen, stellen wir uns häufig die Frage, was wir für die Kleinen tun können. Was können wir ihnen geben? Welche Bedingungen können wir schaffen? Wichtige Fragen, die wir uns dann gerne selber beantworten. Wir gehen davon aus, zu wissen, was unser Kind braucht und was nicht. Auch wenn es gut gemeint ist, schießen wir damit nicht selten am Ziel vorbei, wie folgendes Beispiel zeigt:

Tina ist drei Jahre alt. Sie liebt Pferde über alles. Ohne ihr geliebtes Plüschpferd kann sie das Haus nicht verlassen, und wenn es darum geht, ein Bild zu malen, muss mindestens ein Pony zu sehen sein. Für Mama steht fest: Ein Besuch auf dem Reiterhof wird eine tolle Überraschung für Tina! Also macht sich die ganze Familie am Samstagmorgen auf den Weg zu einem nahegelegenen Gestüt. Kaum auf dem Hof angekommen, gehen Sie auf eine Koppel mit tollen Pferden. Tina ist nicht glücklich! Die Pferde sind viel zu groß und machen ihr Angst. Ein paar rennen ganz schnell, andere sind sehr laut. Und sie wäre eh viel lieber mit ihrer Freundin auf den Spielplatz gegangen, sie wollten doch mit ihren Puppenpferden spielen.

Situationen wie diese sind keine Seltenheit. Viel zu oft treffen wir Entscheidungen, ohne unsere Kinder einzubeziehen. Und das nicht, weil wir es nicht gut meinen. Wir gehen häufig davon aus, dass die Kleinen ohnehin noch zu jung sind, um zu wissen, was sie wollen. Dabei entwickeln einige Babys bereits im Alter von sechs Monaten ein Ich-Bewusstsein. Mit spätestens 18 Monaten ist das Ich-Bewusstsein komplett ausgeprägt. Experten sprechen hier von der Spiegel-Phase. Das Kind erlangt in dieser Zeit die Fähigkeit, sich selbst im Spiegel zu erkennen.

Mit der Fähigkeit der Selbsterkenntnis entwickeln die Kinder auch die Fähigkeit, eigene Bedürfnisse zu benennen. Was finden sie gut und was nicht? Was macht sie glücklich und was nicht? Wenn Sie herausfinden möchten, was Ihr Kind braucht, um glücklich zu sein, reicht es häufig aus, einfach zu fragen.

Oft sind es die einfachen Dinge, die Kinder begeistern und beglücken. Sind die Grundbedürfnisse nach Nahrung, Fürsorge, Schutz und ausreichend Ruhe abgedeckt, ist ein stabiles Fundament gelegt. Auch für alle anderen Bereiche ist es in der Regel ausreichend, auf einfache Optionen zu setzen. Kinder im Alter bis zu etwa sechs Jahren sind besonders leicht glücklich zu machen. Es ist nicht notwendig, einen aufregenden Ausflug ins Kino zu organisieren. Ein gemütlicher Abend vor dem Fernseher, zusammen mit der Familie, ist ebenso erfüllend für Ihr Kind. Generell liegt der Fokus nicht auf materiellen Dingen. Denn das Konzept von Status und materiellen Werten ist für Kinder in jungen Jahren nicht greifbar. Im Schulalter kann sich dies jedoch schnell ändern. Denn nun beginnen die Kinder langsam, sich mit Gleichaltrigen auszutauschen. Sie erfahren, wie die Welt der anderen aussieht. Da kann es passieren, dass sie sich mit anderen vergleichen. Um in dieser Phase Schwierigkeiten zu umgehen, ist es wichtig, schon in früher Kindheit ein starkes Selbstbewusstsein zu fördern. Weiß Ihr Kind, dass es ohne Zustimmung anderer Personen Wert hat, ist die Gefahr geringer, dass es sich mit anderen vergleichen möchte.

Was sagt mein Kind? – Hören Sie genau hin

Einfach das Kind zu fragen, was es besonders gut oder schlecht findet, das scheint ganz einfach, oder? Wenn Ihr Kind bereits verbal kommunizieren kann, wissen Sie, dass die Realität ganz anders ausschaut. Auf klare und einfache Fragen bekommen Eltern die aufregendsten Antworten – selten jedoch passend zur gestellten Frage.

„Möchtest du Spaghetti oder Suppe essen?" „Ich mag Spaghetti und Suppe. Außer die mit den Möhren. Und Soße mag ich auch nicht. Aber ich esse gerne Käsebrot!" Und schon hat man keine Ahnung, was man machen soll.

Das Geheimnis, um genau herauszufinden, was das Kind sich wünscht, was es braucht und was es glücklich macht, liegt also nicht in der richtigen Frage. Je jünger die Kinder sind, umso wichtiger ist es für Eltern, genau zuzuhören.

Die ersten echten Unterhaltungen können Sie mit Ihrem Kind ab einem Alter von etwa 1,5 Jahren führen. Die Kleinen sind dann in der Lage, einfache Wörter und Sätze zu verstehen und darauf zu reagieren. Im Schnitt beherrschen Kinder nach 24 Monaten rund 200 Wörter. Danach erlernen die Kinder bis zu zehn neue Wörter an jedem Tag. Die Kommunikation fällt jetzt mit jedem Tag leichter. Im direkten Zusammenhang mit der Ich-Erkenntnis der Spiegel-Phase sind Kinder in diesem Alter dann auch in der Lage, gezielt darüber zu sprechen, was sie mögen und was sie nicht mögen.

Gut und böse, haben und nicht haben, schön und nicht schön – die Unterteilungen sind einfach, aber klar verständlich. Wird jedoch eine direkte Frage gestellt, sind junge Kinder nicht immer in der Lage, diese korrekt zu interpretieren. Daher fällt es ihnen schwer, eine passende Antwort zu geben.

Was den Kleinen nicht schwerfällt, ist, unentwegt vor sich hin zu brabbeln. Sie benennen die Dinge in ihrer Umgebung mit ganz eigenen Worten. Da wird aus dem Grill der Feuerkocher und aus dem Mülleimer die Drecktüte. Sie sprechen über Dinge, die sie sehen, die sie neu erlernt haben und die interessant sind. Sachen, die sie besonders begeistern, kommen immer wieder in Gesprächen vor. Auch Personen, bei denen sie sich besonders wohlfühlen, werden häufig erwähnt. Hier richtig zuzuhören, hilft Ihnen dabei, frühzeitig einschätzen zu können, was Ihr Kind mag und was nicht.

Wichtig ist, die Informationen korrekt zu interpretieren. Versuchen Sie am besten nicht, den Wunsch eines Kindes nach eigenem Ermessen auszuschmücken. Möchte Ihr Kind gerne ein Dreirad haben, dann ist es nicht notwendig, gleich ein spezielles Modell mit Anhänger, Beleuchtung und Soundeffekten zu wählen. Die Chancen stehen gut, dass sich Ihr Kind ein einfaches Dreirad wünscht, wie es auch die anderen Kinder auf dem Spielplatz haben. Respektieren Sie die individuellen Vorlieben Ihres Kindes. Ihr Sohn liebt es, Karohosen und gestreifte T-Shirts zu kombinieren? Dann zwingen Sie ihm nicht ein farb- und musterkoordiniertes Outfit auf. Ihr Sohn trägt die Kleidung, die er gut findet, und er freut sich darüber, dass er die Kleidung ganz allein ausgesucht hat. Lassen Sie Ihre Kinder auswählen, welches Buch am Abend gelesen wird – auch wenn es zum 15. Mal in Folge dieselbe Geschichte ist. Seit Wochen läuft auf der Hörspielbox dasselbe Märchen? Auch hier ist es nicht notwendig, Abwechslung aufzuzwingen.

Aufhorchen, wenn Ihr Kind ruhiger wird

Kinder geben mit Begeisterung bekannt, wenn sie etwas richtig gut oder richtig doof finden. Anders schaut es jedoch aus, wenn sie etwas emotional belastet. Sie sind nicht in der Lage zu benennen, wenn sie sich unwohl fühlen, Angst haben oder traurig sind. Zum einen fehlt ihnen die verbale Kompetenz, zum anderen kann es ihnen Probleme bereiten, die eigenen Gefühle zu verstehen. Die Gründe für eine emotionale Belastung können vielfältig sein:

- Stressvolle Umgebung
- Streit zwischen den Eltern
- Streit mit Geschwistern
- Scheidungen
- Krankheitsfall in der Familie

Auch ein Umzug oder der Wechsel vom Kindergarten in die Schule können Stress verursachen. Um dann zu verstehen, wie Ihr Kind sich fühlt, lohnt es sich, darauf zu achten, was nicht gesagt wird. Die Kleinen kommen nicht nach Hause und sagen, dass sie traurig sind, weil sie ihre alten Freunde vermissen. Sie ziehen sich zurück und hören auf, von ihrem Tag in der Schule zu berichten. Denn ohne den besten Freund auf dem Schulhof dabei zu haben, gibt es plötzlich nichts Aufregendes mehr zu erzählen. Es ist häufig so, dass Kinder es vermeiden, über Orte oder Situationen zu sprechen, bei denen sie sich unwohl fühlen. Haben sie einen spannenden Nachmittag mit tollen Spielen und leckerem Eis bei Tante Kerstin verbracht, dann können Sie sicher sein, jedes Detail zu erfahren. Hatte Tante Kerstin aber einen Streit mit ihrem Mann und Ihr Kind hat es mitbekommen, wird die Berichterstattung eher kurz ausfallen. Vor allem dann, wenn Kinder mit ungewohnten Situationen konfrontiert werden.

Haben Sie den Verdacht, dass Ihr Kind etwas belastet, zwingen Sie keine Antworten aus ihm heraus. Eine erprobte

Methode, spielerisch den Gefühlszustand eines Kindes zu erfahren, ist das Rollenspiel mit Puppen. Kreieren Sie eine Situation, zu der Sie mehr erfahren möchten, und spielen Sie diese gemeinsam mit Ihrem Kind durch. Es ist wahrscheinlich, dass das Kind in seinem Rollenspiel auf reale Vorkommnisse Bezug nimmt und diese verarbeitet. Vor allem dann, wenn diese belastend für das Kind sind.

Eine weitere Methode ist ein kreativer Ansatz. Bitten Sie Ihr Kind, ein Bild zu einem bestimmten Erlebnis zu malen. Fragen Sie nach Details und unterstützen Sie aktiv alle aufkommenden Ideen. Einige dieser Ideen können dabei sehr aufregend sein. So gab es beim Eismann vielleicht einen Eisbecher, der so groß war wie der Tisch. Zweifeln Sie solche Aussagen nicht an. Ansonsten kann es sein, dass das Kind sich zurückzieht und keine weiteren Details preisgeben möchte. Durch gezieltes Fragen zu einzelnen Teilen im Bild können Sie ganz ungezwungen herausfinden, wie Ihr Kind sich fühlt.

Geschwisterkinder, Haustiere, eine große Familie – Was beeinflusst das Glücklichsein?

Wie bereits angesprochen, spielt die Umgebung für Kinder jeder Altersklasse eine wichtige Rolle. Schon im Babyalter wird das Glücksgefühl eines Kindes aktiv durch die äußeren Einflüsse bestimmt. Im familiären Umfeld können Sie diese selbst bestimmen. Dafür hat jeder sein ganz eigenes Erfolgsrezept. Moderne Familien sind längst nicht mehr an das klassische Modell aus Vater, Mutter und Kind gebunden. Denn ein gesundes Familienerlebnis wird nicht durch die gesellschaftliche Norm bestimmt. Hier kommen ganz andere Faktoren zum Tragen.

In erster Linie sind es natürlich die Personen, die in das tägliche Leben eines Kindes involviert sind:

- Eltern – getrennt oder zusammenlebend
- Geschwister
- Großeltern
- Weitere Familienmitglieder – Onkel, Cousinen usw.
- Freunde der Familie

Welche Rolle die einzelnen Personen im Leben des Kindes einnehmen, ist ebenfalls sehr unterschiedlich. Vielleicht wohnt die Oma im selben Haus. Vielleicht lebt die Familie in einer WG mit einem weiteren Pärchen oder gar weiteren Kindern. Vielleicht sind es auch nur Mama und Tochter oder gar Opa und Enkel. Unabhängig davon, in welcher Konstellation der Alltag stattfindet, bringt jede Personengruppe ganz eigene Vorteile und Herausforderungen mit sich.

Geschwisterkinder sind ein Segen und ein Fluch

Wenn Sie bisher ein Kind haben, dann fragen Sie sich möglicherweise manchmal, ob ein Geschwisterchen nicht toll wäre. Und wenn Sie bereits zwei oder mehr Kinder haben, wünschen Sie sich womöglich manchmal, Ihre Energie nur mit einem Kind zu teilen. Denn sämtliche Konstellationen haben ganz eigene Aufgaben, die zu bewältigen sind.

Im europäischen Durchschnitt bekommt jede Frau 1,6 Kinder. In Deutschland liegt der Schnitt mit 1,59 nur knapp darunter. In Deutschland sind rund 26 % aller Kinder unter 17 Jahren Einzelkinder. 48 % haben ein Geschwisterkind, und der Rest hat mehrere Geschwister. Es gibt jede Menge Vorurteile gegenüber Einzelkindern. Sie sind verwöhnt, sie können nicht teilen oder sie sind nicht selbstständig genug. Dies sollte doch bedeuten, dass sich die Anzahl der Geschwister auf die Persönlichkeitsentwicklung und somit auch auf das Glück eines Kindes auswirkt, oder? Um zu begreifen, wie sich Geschwister auf die Persönlichkeitsentwicklung auswirken, werden seit

Jahrzehnten Studien aller Art durchgeführt. Wichtige Erkenntnisse dieser Studien werden heute so verstanden:

> Das älteste Geschwisterkind entwickelt durch ein oder mehrere neue Familienmitglieder eine vergleichsweise gute Konkurrenzkompetenz. Diese ist vor allem im späteren Berufsleben dafür verantwortlich, dass ältere Geschwister häufiger erfolgreicher sind. Bei Einzelkindern und bei den jüngsten Kindern einer Familie ist diese Kompetenz weniger stark ausgeprägt, was sich auch im späteren Leben bemerkbar macht. Mittelkinder haben ebenfalls eine leicht erhöhte Konkurrenzkompetenz – sie fühlen sich außerdem nicht selten von den Eltern leicht vernachlässigt.

Das Leben mit Geschwisterkindern kann sich also positiv auf die Persönlichkeitsentwicklung auswirken, indem Bereiche wie die Konkurrenzfähigkeit gestärkt werden. Gleichzeitig kann dies bedeuten, dass etwa das Mittelkind das Gefühl von Vernachlässigung hat.

Wichtige Kompetenzen vermitteln

Um eine gesunde und ganzheitliche Entwicklung zu durchlaufen, benötigt ein Kind nach der Überzeugung von Experten diverse Bezugspersonen. Wer die Rolle der einzelnen Bezugspersonen einnimmt, ist dabei nicht relevant. Je mehr der nachstehenden Kompetenzen vermittelt werden, umso glücklicher kann ein Kind heranwachsen. Die Benennungen sind für das leichtere Verständnis gewählt und sind nicht wörtlich zu verstehen:

- Mutterfigur – sorgt für das leibliche Wohl und gibt Geborgenheit

- Vaterfigur – bietet Schutz und hilft, die Kräfte des Kindes zu stärken
- Großmutter – vermittelt Verständnis für Werte, Sitten, Bräuche und Normen
- Großvater – stärkt das historische und handwerkliche Verständnis
- Freund – bedient den Wunsch nach Gleichartigkeit abseits von der Familie
- Experte – motiviert zu Interessen wie Sport oder Musik

Je mehr Personen im alltäglichen Familienleben vorkommen, umso leichter ist es, diese Bereiche abzudecken. Vor allem in Großfamilien profitieren alle Beteiligten daher von einer hohen Anzahl der Personen.

Auch Haustiere machen glücklich

Dass Tiere glücklich machen, ist kein Geheimnis. Besonders Hunde haben einen positiven Effekt auf das Wohlbefinden von Menschen. Das gilt für Erwachsene und Kinder gleichermaßen. Aber auch eine Katze, ein Kanarienvogel oder gar eine Vogelspinne eignen sich wunderbar, um ein tierischer Begleiter zu sein. Kinder lernen durch den Umgang mit Tieren Respekt, Fürsorglichkeit und Verantwortungsgefühl. Darüber hinaus ist es einfach schön, einen Freund zu haben, der immer für einen da ist und zuhört. Tiere, die aktiv mit dem Kind interagieren können, dienen auch wunderbar als Zeitvertreib. Was gibt es Schöneres, als mit dem Hund im Garten zu spielen oder im Wald spazieren zu gehen?

Bevor Sie sich für ein Tier entscheiden, bedenken Sie, dass es viel Arbeit macht. Das gilt für große und kleine Tierfreunde. Ein Kaninchen oder ein Hamster mögen auf den ersten Blick eine gute Idee für das Kinderzimmer sein – schnell wird aber klar, dass es auch hier viel zu tun gibt. Für sehr junge Kinder eignen sich die kleinen Nager daher weniger. Vor allem auch deshalb, weil man kaum mit ihnen spielen kann.

Ein Hund ist immer eine Familienentscheidung. Er bedarf nicht nur der täglichen Pflege und Fürsorge. Wenn es darum geht, in den Urlaub zu fahren oder einfach mal einen Abend bei Freunden zu verbringen, spielt der Hund bei jeder Entscheidung eine Rolle.

Bonuskapitel: Glückliche Scheidungskinder

Die Scheidungsrate in Deutschland ist in den vergangenen Jahren konstant zurückgegangen. Die Gründe dafür sind vielfältig. Unter anderem heiraten wir immer später im Leben und wählen unsere Partner sozusagen mit mehr Bedacht aus. Wo wir also in der Vergangenheit dem gesellschaftlichen Druck erlegen sind, möglichst früh zu heiraten, lassen wir uns heute bei der Partnersuche Zeit. So ist die Chance höher, einen Partner zu wählen, bei dem wir ein Leben lang verweilen. Gleichzeitig geht die Anzahl der Eheschließungen stetig zurück. Viele Paare entscheiden sich dafür, ohne Trauschein zusammenzuleben und auch Kinder zu haben. Entsprechend fallen hier mögliche Trennungen nicht in die Scheidungsstatistik. Für das Jahr 2018 lag die Scheidungsquote bei rund 40 %.

Ob mit oder ohne Trauschein: Es ist keine Ausnahmesituation, dass Kinder eine Trennung der Eltern miterleben. Im Jahr 2018 lebten allein in Deutschland 121.000 Kinder in einem Scheidungshaushalt.

Eine Scheidung kann die körperliche wie geistige Entwicklung eines Kindes nachhaltig beeinflussen. So gibt es Studien darüber, dass infektiöse Krankheiten bei Scheidungskindern bis zu drei Mal häufiger auftreten und länger anhalten als bei Kindern in intakten Familien. Dieses Phänomen kann sogar bei Erwachsenen nachgewiesen werden, die als Scheidungskinder aufgewachsen sind. Allerdings kommt es nur dann zu einer negativen Auswirkung auf das Kind, wenn die Scheidung sozusagen im Bösen abgewickelt wurde.

Die Art und Weise, wie die Eltern eine Trennung handhaben, ist also maßgeblich dafür verantwortlich, wie Kinder davon beeinflusst werden. Eine Trennung stellt die Elternteile vor viele Herausforderungen. Der Grund für die Trennung spielt dabei eine entscheidende Rolle. Anders als viele vermuten, gehen die meisten Ehen nicht in die Brüche, weil ein Partner einmal oder wiederholt fremdgegangen ist. Besonders oft sind dies die Auslöser:

- Geldprobleme
- Unterschiedliche Ansichten in der Kindererziehung
- Unterschiedliche Lebensziele

Es kommt also oft nicht zu dem einem Vorfall, der die Scheidung in Gang setzt. Vielmehr ist es ein schleichender Prozess, der in einer Scheidung mündet.

Jeder handhabt den Druck während dieser Zeit anders. Möchten Sie, dass Ihr Kind sowohl während der Scheidung als auch danach glücklich ist, können Sie dies aktiv unterstützen:

- Beziehen Sie das Kind in jeden Schritt mit ein. Es ist nicht hilfreich, Geheimnisse zu haben, um das Kind vermeintlich zu schützen. Denn bereits sehr junge Kinder ab einem Alter von rund zwei Jahren sind in der Lage, eine solche Situation richtig einzuordnen. Sie spüren ganz klar, dass etwas nicht in Ordnung ist. Wenn Sie von Anfang an ehrlich und offen mit den Geschehnissen umgehen, hat Ihr Kind die Chance, die Tatsachen zu verarbeiten.
- Verhalten Sie sich respektvoll Ihrem Ex-Partner gegenüber. Schreien, fluchen und weinen – eine Scheidung kann unschöne Seiten in uns hervorbringen. Für alle Beteiligten ist es am besten, sich ihrer Wut und ihrer Enttäuschung nicht hinzugeben. Vermeiden Sie es außerdem, den Partner vor dem Kind schlecht zu

machen. Selbst dann, wenn er sich verwerflich verhalten hat. Bleiben Sie neutral. Wenn es notwendig ist, den Kontakt zum Ex-Partner abzubrechen, erklären Sie Ihrem Kind altersgerecht, warum dem so ist. „Dein Vater ist ein unzuverlässiger Vollidiot, der sich nur um sich selbst kümmert!", ist eine Aussage, die verständlicherweise negative Spuren bei Kindern hinterlässt und vermieden werden sollte. „Deine Mutter ist aktuell nicht in der Lage, sich um uns zu kümmern. Sie macht eine schwere Zeit durch und braucht Abstand. Wir werden uns also darauf konzentrieren, dass es uns gut geht." Die Distanz ist geschaffen, ohne dass die Mutter negativ behandelt wird.

- Erlauben Sie Ihrem Kind, traurig, wütend oder enttäuscht zu sein. Erwarten Sie nicht, dass diese Phase zu einem bestimmten Zeitpunkt endet. Stehen Sie hilfreich zur Seite und beantworten Sie alle aufkommenden Fragen ehrlich. Bei Bedarf kann eine Familientherapie helfen, die Scheidung zu verarbeiten.
- Fokussieren Sie sich nicht darauf, in einem Scheidungshaushalt zu leben. Schaffen Sie eine Umgebung, die nicht darauf aufbaut, dass nun jemand fehlt. Zeigen Sie Ihrem Kind, dass es möglich ist, auch unter den neuen Umständen glücklich zu leben. Denn eines steht fest: Wenn Sie unglücklich sind und es Ihnen über lange Zeit nicht gut geht, dann wird auch Ihr Kind kein Glück finden.

Schuldgefühle sind bei Eltern nach einer Scheidung keine Seltenheit. Sie fühlen sich dafür verantwortlich, dass ihr Kind nun nicht mehr in der klassischen Umgebung aufwächst. Diese Schuldgefühle können dazu führen, dass Eltern in der Zeit nach der Scheidung viele Dinge durchgehen lassen. Versuchen Sie, dies zu vermeiden. Denn schnell gewöhnen sich vor allem junge Kinder daran, und es ist schwer, entsprechend negatives Verhalten wieder zu unterbinden.

Wenn möglich, erlauben Sie auch nach der Scheidung einen regelmäßigen Kontakt zum Ex-Partner und der Familie des Ex-Partners. So bleiben wichtige Bezugspersonen wie Oma oder Opa weiterhin bestehen.

Kapitel 4
Wie Sie richtig loben

Das richtige Loben ist ein zentraler Punkt für eine erfolgreiche Erziehung in allen Altersklassen. Hier gibt es viel falsch und noch mehr richtig zu machen. Lob und Anerkennung sind nicht nur für Kinder relevant. Auch Erwachsene freuen sich, wenn ihre Bemühungen und Errungenschaften anerkannt werden. Lob verstärkt positive Ereignisse. Für Kinder dient es als ein Lernwerkzeug, das aufzeigt, was gut funktioniert und was eben nicht. Es hilft auch dabei, die eigene Fähigkeit richtig einzuordnen. Darüber hinaus ist es natürlich motivierend.

Bis zu einem Alter von acht Jahren ist der Lerneffekt von positivem Feedback ein wichtiger Erziehungsfaktor. Kritik zeigt zumeist sehr wenig Wirkung. Denn Kritik wird entweder falsch verstanden oder negativer wahrgenommen, als sie eigentlich ist. Ältere Kinder im Alter zwischen acht und zwölf Jahren sind hingegen zunehmend in der Lage, auch negatives Feedback richtig einzuordnen und davon zu lernen.

Das Loben hilft aber nicht nur dabei, einen Lerneffekt zu sichern. Es ist auch ein Faktor in der Gefühlsfestigung. Wer frühzeitig lernt, mit Lob umzugehen, der profitiert ein Leben lang davon. Dass dies nicht selbstverständlich ist, erkennen Sie daran, dass es viele Erwachsene gibt, die bereits bei einem einfachen Lob peinlich berührt sind. Auch das Loben anderer fällt vielen Menschen schwer. Wie also können Sie Ihren Kindern dabei helfen, mit Lob richtig umzugehen?

Glaubwürdig und ehrlich loben

Loben Sie Ihr Kind nicht unentwegt und in jeder Situation. Sprechen Sie Lob nur dann aus, wenn es ernst gemeint und angebracht ist. Kann sich Ihr Kind bereits ohne Hilfe die Schuhe binden, ist es nicht förderlich, es jeden Morgen erneut dafür zu loben. Erledigt Ihr Kind eine zugeteilte Aufgabe, wie etwa das Abräumen des Tisches, ist ein Lob ebenfalls nicht angemessen. Wird die Aussprache von Lob zu einer Gewohnheit, ist der Lerneffekt dahin. Das Kind kann nicht unterscheiden, wann es etwas Tolles geschafft hat und wann nicht. Es besteht außerdem die Gefahr, dass das Kind beginnt, sich und seine Fähigkeiten zu überschätzen. Denn wenn alles, was es tut, so wunderbar und großartig ist, dann muss es ja etwas ganz Besonderes sein. Sie sollten Lob also immer nur dann aussprechen, wenn das Kind zum ersten Mal etwas Neues geschafft oder eine größere Herausforderung gemeistert hat.

Allgemeines Loben vermeiden

Ihr Kind hält Ihnen ein Bild hin, das es im Kindergarten gemalt hat. Sie freuen sich: „Das hast du ganz toll gemacht." Klingt auf den ersten Blick wie eine gute Reaktion. Wenn wir die Situation genauer betrachten, ist eine solche Aussage jedoch wenig produktiv. Was hat das Kind gut gemacht? Soll hier vermittelt werden, dass der bloße Versuch, etwas zu malen, schon eine Errungenschaft ist? Besser wäre, konkrete Aussagen zu nutzen:

„Dieses Bild ist dir sehr gut gelungen, du hast tolle Farben benutzt."

„Der Tiger sieht richtig toll aus, deine Tierbilder werden immer besser."

„Die vielen Details auf diesem Bild sind sehr schön geworden."

Zum einen wird so signalisiert, dass Sie sich das Bild genau angeschaut haben. Zum anderen wird darauf hingewiesen, dass das Lob spezielle Bereiche besonders betrifft. Wird immer nur gesagt, wie toll das Kind malen kann, kann das später dazu führen, dass es keine Kritik in diesem Bereich annimmt. Denn es wurde doch immer wieder betont, dass es so toll malen kann. Durch das separate Benennen der positiven Aspekte wird auch unterstrichen, dass in einer Aufgabe mehrere Herausforderungen liegen können.

Auch Bemühungen loben

„Das Bild ist sehr schön." Mit diesem Lob wird lediglich das Resultat der erbrachten Leistung gelobt, nicht aber die Leistung selbst. „Du hast dir sehr viel Mühe dabei gegeben, die Vorlage ordentlich auszumalen. Du hast gar nicht über die Linien gemalt." So wird verdeutlicht, dass die Bemühung, die Aufgabe zu meistern, alleine bereits lobenswert ist. Das funktioniert auch, wenn das Resultat nicht dem angestrebten Ziel entspricht. „Deine Zeichnung ist viel besser als letzte Woche – ich kann sehen, dass du fleißig geübt hast."

Keine Banalitäten loben

Auch junge Kinder erkennen schnell, ob ein Lob ernst gemeint ist oder nicht. Wird jede Kleinigkeit gelobt, kann das Kind schnell das Gefühl bekommen, nicht ernst genommen zu werden. Ihr Kind könnte dann denken, dass Sie sich eigentlich gar nicht für die erbrachten Leistungen interessieren und lediglich Lob aussprechen, um sich nicht eingehend damit beschäftigen zu müssen.

Das richtige Maß an Lob zu finden, ist nicht einfach. Es gibt keine klaren Regeln, die zu viel oder zu wenig Lob benennen. Jedes Kind und vor allem auch die gesamte Familiendynamik funktionieren da anders. Probieren Sie ein wenig aus, was für

Sie Erfolge zeigt und was nicht. Es gibt ein paar Warnsignale, die zeigen, dass es mit dem Lob übertrieben wurde:

- Ihr Kind erwartet ein Lob für jede Aufgabe.
- Ohne Lob und Anerkennung hat es keinen Spaß an Herausforderungen.
- Aufgaben werden nur dann erledigt, wenn von Anfang an gelobt wird.

Zu wenig Lob kann dazu führen, dass Ihr Kind sich einsam und alleine fühlt. Der Wunsch nach Anerkennung ist auch bei Kindern stark ausgeprägt. Übrigens ist es ein guter Indikator, dass Ihr Lob funktioniert, wenn Ihr Kind ebenfalls gezielt und angemessen Lob verteilt.

Glückliche Kinder akzeptieren Grenzen – auch mal „Nein" sagen

Erfolgreiche Erziehung bereitet Kinder darauf vor, im Erwachsenenalter mit den täglichen Herausforderungen umgehen zu können. Dazu zählt es auch, Grenzen zu kennen und zu akzeptieren. Die individuellen Grenzen in Ihrer Familie werden durch eine Reihe von Faktoren beeinflusst. Kulturelle Einflüsse, persönliche Überzeugungen oder die finanziellen Möglichkeiten spielen eine Rolle.

Das Aufzeigen von Grenzen findet im kleinen und im großen Rahmen statt. Für Kinder im Alter von zwölf Monaten bis drei Jahren geht es darum, das Konzept von Grenzen, von „Ja" und „Nein", zu verstehen. Es gibt bestimmte Dinge, die darf man machen, und bestimmte Dinge, die nicht erlaubt sind. Je älter die Kinder werden, umso konkreter werden die Grenzen. Es wird nicht mehr nur gesagt, dass etwas nicht erlaubt oder nicht möglich ist – es wird auch darauf hingewiesen, warum dem so ist.

Es gibt eine Reihe von Erziehungsansätzen und Lebensideologien, die das Aufzeigen von Grenzen als negativ bewerten. Extreme Erziehungsmethoden wie der Laissez-faire-Erziehungsstil verzichten gänzlich auf ein aktives Eingreifen von Erziehungspersonen. Kindern soll der Freiraum gegeben werden, sich nach den individuellen Vorstellungen zu entfalten. Andere Modelle setzen auf wenige Grundregeln und viel Freiraum für eigene Entscheidungen.

Pädagogen und Psychologen sind sich jedoch einig, dass Regeln notwendig sind, um ein harmonisches Miteinander zu realisieren. Denn selbst in der kleinsten Familie müssen die Wünsche und Bedürfnisse mehrerer Personen berücksichtigt werden. Das Erlernen von Regeln und Strukturen ist des Weiteren auch außerhalb der Familie relevant.

Es gibt keine Regel für die Regeln

Um Ihr Kind zu lehren, dass Regeln wichtig sind, um das Zusammenleben mit anderen zu organisieren und um in der Gesellschaft seinen eigenen Platz zu finden, sind die Regeln selber nicht relevant. Es geht nicht darum, ob bei Ihnen die Zubettgehzeit um acht oder um zehn Uhr abends angesetzt ist oder es vielleicht gar keine fixe Zeit dafür gibt. Es geht darum, dass Kinder lernen, ein „Nein" zu akzeptieren. Wann in Ihrer Familie Dinge erlaubt oder nicht erlaubt sind, das bestimmen Sie selber. Solange allen klar ist, dass die eigenen Überzeugungen und Ideen nicht automatisch für alle anderen gelten, spielen die Inhalte keine Rolle.

Ihr Kind darf jeden Freitagabend einen Film aussuchen und die ganze Familie macht einen gemütlichen Videoabend. Dabei darf es dann sogar mal ein Glas Zitronenlimonade trinken oder Chips essen – eine wunderbare Familienregel. Nun verbringt es den Freitagabend bei Oma und Opa. Hier darf weder der Film ausgesucht werden, noch gibt es Limonade.

Ist Ihr Kind in der Lage, zu verstehen, dass in einem neuen Umfeld andere Regeln gelten, wird es keine Probleme geben.

Regeln nicht ohne Begründung aufstellen

„Weil ich das so sage!" Eine Aussage, die die meisten Eltern früher oder später treffen. Meist geschieht dies in dem Versuch, eine Erklärung zu umgehen, die man vielleicht nicht geben möchte. „Warum soll ich jetzt ins Bett gehen? Es ist Wochenende und ich bin nicht müde." Mama und Papa sind aber müde und wollen einfach ihre Ruhe haben. Aber können sie dem Kind einfach so sagen, dass sie keine Lust auf es haben? Eher nicht.

Mit den richtigen Worten sollte die Wahrheit allerdings kein Problem sein: „Ich hatte eine sehr anstrengende Woche und bin sehr müde. Ich möchte mich ein wenig ausruhen und kann mich nicht richtig um dich kümmern. Du würdest mir sehr helfen, wenn du nun ins Bett gehst und dich auch ein wenig ausruhst. Morgen sind wir dann beide wieder bereit für gemeinsame Unternehmungen."

Indem Sie Ihrem Kind gestellte Regeln oder gemachte Ansagen erklären, entwickelt es ein Verständnis für die Situation. Dies ist auch wichtig, wenn es zu einem späteren Zeitpunkt darum geht, selber eine Entscheidung zu treffen. Welches „Nein" ist akzeptabel und welches nicht? Das Akzeptieren und Verstehen von Grenzen ist daher ein wichtiger Grundstein für die Erziehung von glücklichen Kindern.

Kapitel 5
Warum Zuhören so wichtig ist

Niemand fühlt sich gern bevormundet. Werden konstant Entscheidungen getroffen, auf die man selber keinen Einfluss hat, mindert das das Selbstwertgefühl. Möchten Sie Ihr Kind stärken und ihm dabei helfen, ein gesundes Selbstwertgefühl aufzubauen, ist eine bedeutsame Kommunikation wichtig. Dabei geht es darum, Ihrem Kind auf Augenhöhe zu begegnen. Hören Sie genau hin, wenn es etwas zu sagen hat, und konzentrieren Sie sich auch auf die Dinge, die nicht gesagt werden. Ich habe dieses Thema in einem vorhergehenden Kapitel bereits angesprochen. Nun möchte ich Ihnen konkrete Techniken an die Hand geben, um die Kommunikation mit Ihrem Kind zu meistern.

Sechs Tipps für eine gelungene Kommunikation mit Kindern

Rundum gelungene Kommunikation findet verbal und nonverbal statt. Wir senden durch die Art, wie wir uns bewegen oder hinstellen, klare Zeichen an unser Gegenüber. Machen Sie nicht den Fehler, zu denken, dass kleine Kinder noch nicht in der Lage sind, solche Dinge korrekt zu deuten. Bereits für Kinder ab ca. 18 Monaten kann die richtige Körpersprache die Kommunikation positiv beeinflussen.

Sprechen Sie auf Augenhöhe mit Ihrem Kind

Wenn Sie mit Ihrem Kind etwas Wichtiges besprechen möchten, stellen Sie sicher, dass Sie sich auf Augenhöhe befinden. Knien Sie sich neben das Kind auf den Boden oder setzen Sie sich gemeinsam mit ihm auf eine Bank. Halten Sie während des Gespräches Augenkontakt. So hat Ihr Kind das Gefühl, dass eine echte Interaktion stattfindet. Außerdem hilft es dem Kind, die Konzentration zu behalten. Es wird Ihnen intensiver zuhören und sich nicht etwa durch Spielzeug ablenken lassen.

Wählen Sie den richtigen Zeitpunkt

Möchten Sie über etwas Allgemeines mit Ihrem Kind sprechen, nehmen Sie sich ausreichend Zeit und wählen Sie einen ruhigen Ort wie Zeitpunkt. Kommt Ihr Sohn gerade aus dem Kindergarten, wird er kaum die Energie haben, sich auf ein intensiveres Gespräch zu konzentrieren. Nach einem entspannten Mittagsschlaf hat er eine bessere Aufmerksamkeitsspanne.

Muss etwas sofort geklärt werden, entfernen Sie sich mit Ihrem Kind ein wenig von möglicher Unruhe. Papa sucht seine Brille, die große Schwester blockiert ewig das Bad und der Hund hat gerade das Sofakissen zerkaut – gleichzeitig hat das Nesthäkchen seine Tasche noch nicht gepackt? Nehmen Sie Ihr Kind für einen kurzen Moment mit ins Schlafzimmer oder in den Flur, weg von der Aufregung, und sprechen Sie kurz darüber, dass es nun an der Zeit ist, die Tasche zu packen. Auch auf dem Spielplatz oder bei der Familienfeier lohnt es sich, einen ruhigen Ort zu suchen, um wichtige Informationen weiterzugeben oder zu erhalten.

Ablehnende Körperhaltungen vermeiden

Natürlich ist es nicht immer möglich, einen ruhigen Ort zu finden oder gar auf die Knie zu gehen, um eine Unterhaltung zu führen. Aber Sie können zu jedem Zeitpunkt auf eine einladende Körpersprache achten. Konkret können Sie Folgendes tun:

- Die Arme nicht verschränken
- Mit dem Körper zum Kind drehen
- Drohende Gesten vermeiden – gehobener Zeigefinger und Co.
- Beine beim Sitzen nicht übereinanderschlagen
- Aufrecht sitzen und den Oberkörper in Richtung des Kindes neigen

Generell ist es hilfreich, Kindern durch Berührungen zu verstehen zu geben, dass sie geborgen sind. Eine Umarmung oder ein Streicheln über den Kopf versichern Ihrem Kind, dass es sich keine Sorgen zu machen braucht. Dies ist besonders wichtig, wenn es um unangenehme Themen geht. Fühlt sich Ihr Kind in der Gesprächssituation geborgen, ist es wahrscheinlicher, dass es zum Beispiel Gefühle konkret benennt.

Feedback erfragen und Feedback geben

Ob Sie dazu neigen, lange Reden zu halten oder Sie sich lieber kurz und bündig fassen – nur weil Sie verstanden haben, worum es in dem Gespräch geht, hat Ihr Kind das nicht automatisch auch. Stellen Sie permanent Rückfragen. Treffen Sie klare Aussagen und bitten Sie Ihr Kind darum, diese zu erklären. Ermutigen Sie Ihr Kind auch dazu, Fragen zu stellen. Räumen Sie dafür sozusagen extra Zeit ein. Beenden Sie das Gespräch am besten nicht, ohne eine kleine Zusammenfassung gegeben zu haben. Diese könnte folgendermaßen aufgebaut sein:

- Darüber haben wir gesprochen
- Das sind die wichtigsten Punkte
- Gibt es noch Fragen?

Wenden Sie diese Technik auch an, wenn Ihr Kind Ihnen etwas erklärt oder berichtet. Wiederholen Sie die wichtigsten Punkte. So zeigen Sie, dass Sie genau verstanden haben, worum es Ihrem Kind in dem Gespräch geht.

Positive Formulierungen nutzen

Es ist keine Seltenheit, dass wir unseren Kindern sagen, was sie nicht tun dürfen. „Geh bitte nicht alleine auf den Spielplatz." „Renne nicht auf die Straße." „Vergiss nicht, deine Hausaufgaben zu machen." Werden Anweisungen negativ formuliert, fehlt zumeist die wichtigste Information: Was soll gemacht werden?

Kinder bis zu einem Alter von etwa sechs Jahren sind nicht in der Lage, die logische Schlussfolgerung aus der Verneinung zu ziehen. Sie wissen also, sie dürfen nicht auf die Straße laufen. Aber sie verstehen nicht, was sie stattdessen tun sollen.

Setzen Sie auf positive Formulierungen, die konkrete Anweisungen beinhalten. „Wenn du auf den Spielplatz gehen möchtest, darfst du das in Begleitung von einem Erwachsenen." „Bleibe bitte auf dem Gehweg." „Mache bitte deine Hausaufgaben."

Diese Technik ist auch für das Formulieren von Regeln sehr hilfreich. „Ich darf am Wochenende fernsehen." – Das ist eine positive Alternative zu: „Ich darf unter der Woche nicht fernsehen." Die Betonung wird darauf gelegt, was erlaubt ist. Es geht also nicht darum, Verbote zu verhängen, sondern Privilegien zu verteilen.

Auf den Moment konzentrieren

Unser Alltag ist voll von Ablenkungen. Wir haben ständig das Smartphone in der Hand, checken unsere E-Mails oder telefonieren mit einem Kundenservice. Unsere ungeteilte Aufmerksamkeit zu erlangen, ist gar nicht so einfach. Nehmen

Sie sich daher die Zeit, ein echtes Gespräch mit Ihrem Kind zu führen. Möchten Sie die volle Aufmerksamkeit Ihres Kindes, hat es das gleiche Recht verdient. Konzentrieren Sie sich auf die gemeinsame Zeit. Auch dann, wenn es nur ein kurzer Austausch ist. Hat das Kind das Gefühl, ihm wird ernsthaft zugehört, wird es zunehmend das Gespräch suchen. Eine gute Kommunikationsgrundlage zwischen Eltern und Kindern ist ein Leben lang vorteilhaft. Speziell in herausfordernden Phasen wie der Pubertät kann eine gesunde Kommunikation im Haushalt einen wertvollen Unterschied machen.

Schreiende Kinder – erlerntes Verhalten gemeinsam ändern

Es gibt verschiedene Arten von schreienden Kindern. Bis zu einem Alter von rund sechs Jahren neigen nahezu alle Kinder dazu, hin und wieder in einen kleinen Tobsuchtsanfall zu verfallen. Dieser beruht zumeist auf absoluten Banalitäten. Der blaue Teddy ist nicht rosa, oder Mama hat es gewagt, das Brot in Stücke zu schneiden. Und obwohl diese kleinen Anfälle zuweilen ganz niedlich sein können, stellen sie in gehäufter Form eine starke Belastung dar. Kommen diese Momente in der Öffentlichkeit vor, sind sie besonders anstrengend. Plötzlich muss man sich nicht nur um das weinende Kind kümmern, sondern wird auch noch von anderen begutachtet.

Ein Grund dafür, dass Kinder ihre Eltern in den ersten sechs Lebensjahren immer wieder auf die Probe stellen, ist das enorme Entwicklungstempo in dieser Zeit. Dies lässt Kinder schnell an ihre Grenzen stoßen. Sie versuchen, Dinge zu tun, die sie noch nicht können. Ein Beispiel dafür wäre, alleine auf den Stuhl zu klettern, ohne festgehalten zu werden. Schaffen sie es alleine nicht, ist das Geschrei groß. Wird Hilfe angeboten, ist die Stimmung ebenfalls getrübt. Dieses Gefühl von Frustration und Stress kann ein junges Kind noch nicht kompetent verarbeiten. Das laute Schreien scheint da der beste

Ausweg. An dieser Stelle kann ich Sie also beruhigen. Wenn Sie ein Kind haben, das in Tränen ausbricht, weil das Marmeladenglas keinen schwarzen Deckel hat, ist dies kein Indikator dafür, dass es unglücklich ist. Es steckt vielmehr in einer natürlichen Entwicklungsphase, die leider nicht ganz ohne Hürden ist.

Exkurs – die emotionale Entwicklung von Kindern verstehen

Ein Weg aus der Phase des schreienden Kindes ist die emotionale Festigung. Diese lässt sich in drei Bereiche unterteilen. Zum einen erlangen die Kinder die Fähigkeit, Emotionen auszudrücken. Sowohl verbale als auch nonverbale Kommunikation kommen dafür zum Einsatz. Zum anderen erlangen sie das sogenannte Emotionswissen. Sie erkennen Emotionen in anderen Personen und können darauf reagieren. Das einfachste Beispiel hierfür ist ein Lächeln, das bereits von Babys im Alter von drei Monaten erwidert wird. Der wichtigste Baustein ist die Fähigkeit, Emotionen bewusst zu regulieren. Da dieser Bereich die größte Herausforderung darstellt, sind hier erst spät echte Erfolge zu sehen. Auch ältere Kinder von sieben oder acht Jahren haben noch Probleme damit, ihre Emotionen dauerhaft zu regulieren. Ist die Regulationsphase noch in den Anfängen, sind das Weinen, Schreien und Toben eine Reaktion auf emotionale Überforderung.

Mit ein paar Tipps und Tricks ist es möglich, Ihr Kind aktiv in dieser aufregenden Zeit zu unterstützen. Erlernen Sie beide, mit der neuen Situation umzugehen. Wird keine aktive Hilfe geleistet oder falsch reagiert, kann das nachhaltige Auswirkungen auf die emotionale Kontrolle haben. Wenn das Schreien und die Wutanfälle zur Gewohnheit werden, ist es schwer, dieses Verhalten abzulegen. Auch im Teenager- und

Erwachsenenalter sind emotionale Zusammenbrüche dann möglich.

Neue Grenzen austesten lassen

Es sind nicht nur unsere Kinder, die immer wieder an ihre Grenzen stoßen. Auch wir als Erwachsene sehen uns den Aufgaben ab und zu nicht gewachsen. Geht es darum, unsere Kinder zu schützen, neigen wir daher dazu, übervorsichtig zu sein. Bevor etwas schief geht, unterbinden wir es am besten gleich. Dabei können die Kleinen oft viel mehr, als wir ihnen zutrauen. Ihr Sohn will unbedingt ganz alleine einen Stuhl raufklettern? Dann lassen Sie ihn klettern. Wenn es nicht auf Anhieb klappt, greifen Sie nicht sofort ein. Erlauben Sie Ihrem Kind, den Ehrgeiz zu entwickeln, es schaffen zu wollen. Sieht es absolut aussichtslos aus, bieten Sie Hilfestellung an. Aber heben Sie ihn nicht einfach aus dem Stuhl.

Es geht hier nicht um Sie!

Das schreiende Kind im Supermarkt, der Wutanfall vor dem Kindergarten – es kann ganz schön unangenehm sein, wenn die eigenen Kinder in der Öffentlichkeit ihre Fassung verlieren. Schnell versuchen wir, das „Problem" in den Griff zu bekommen. Wir reagieren oft hektisch und genervt. Vor allem, weil wir uns viel zu viele Gedanken darum machen, was denn nun alle anderen über uns und unseren Erziehungsstil denken.

Dabei geht es in solchen Momenten wirklich nicht um Sie. Ihr Kind versucht gerade, eine vielleicht ganz neue und auf jeden Fall überfordernde Emotion zu bewältigen. Also konzentrieren Sie sich nicht darauf, was die Nachbarn sagen könnten, sondern darauf, wie Sie Ihrem Kind am besten zur Seite stehen können. Und vergessen Sie auch nicht: Ihr Sohn oder Ihre Tochter macht das nicht mit Absicht!

Körperliche Nähe hilft

Die Kleinen fühlen sich bei Mama oder Papa im Arm wohl und geborgen. Das ist ein Gefühl, das sie recht gut interpretieren können. Eine herzliche Umarmung hilft daher fast immer, die Situation zu beruhigen. Strampelt das Kind wild umher, erzwingen Sie die Umarmung nicht. Versuchen Sie dennoch, Körperkontakt herzustellen. Halten Sie die Hand oder streicheln Sie sanft über den Kopf des Kindes.

Identifizieren Sie das Gefühl

Der Wutanfall basiert darauf, dass Ihr Kind gerade eine Emotion durchlebt, die es nicht richtig einschätzen oder kontrollieren kann. In diesem Fall ist es hilfreich, diese Emotion zu benennen: „Du möchtest auf den Spielplatz gehen, aber es regnet. Das macht dich traurig." Hat sich die Situation beruhigt, können Sie darüber sprechen, was passiert ist. Eine solche Unterhaltung sollte kurz sein und die wichtigsten Punkte beinhalten. „Was ist passiert?" „Wie hast du dich gefühlt?" „Was können wir tun, damit du dich beim nächsten Mal besser fühlst?" Das Gespräch sollten Sie am besten zeitnah führen. So sind die Erinnerungen an den Vorfall und das Gefühl noch frisch.

Ich verstehe deine Gefühle!

„Ich finde es auch schade, dass wir nicht auf den Spielplatz gehen können. Ich kann gut verstehen, dass du traurig bist." Signalisieren Sie, dass die gefühlten Emotionen richtig und in Ordnung sind. Es ist okay, auf die Situation emotional zu reagieren.

Alternativen benennen

„Leider ist es auf dem Spielplatz zu nass zum Spielen. Wir können aber mit dem neuen Bauernhof spielen, den du von Oma und Opa bekommen hast." Das Aufzeigen einer Alternative hilft dabei, den Fokus zu verlagern.

Nicht mit Konsequenzen drohen

Gut zureden hilft nicht. In den Arm nehmen hilft nicht. Geduldig auf ein Ende warten hilft nicht. Wenn gar nichts mehr geht, dann fahren wir gerne die schweren Geschütze auf. Wir werden lauter und sagen vielleicht auch mal ein paar gemeine Sachen. „Wenn das der Weihnachtsmann erfährt, dann gibt es keine Geschenke." „Warte ab, wenn die Mama später kommt, dann gibt es richtig Ärger." Meist bereuen wir das Gesagte bereits in dem Moment, in dem die Worte unsere Lippen verlassen haben. Darüber hinaus haben die Drohungen keinen Effekt, sie verschlimmern die Situation häufig nur. Sie addieren eine weitere Emotion, mit der das Kind noch nicht umgehen kann. Wenn Sie in einer solchen Situation überfordert sind, treten Sie kurz einen Schritt zurück. Es ist keine Schande, sich kurz in die Küche zurückzuziehen und tief Luft zu holen.

Einen neuen Fokus schaffen

„Hast du die kleine rote Maus gesehen, die gerade unter dem Schrank verschwunden ist?" Das ist eine Frage, die mit Sicherheit die Aufmerksamkeit Ihres Kindes erregen wird. „Ich habe zu Hause noch einen großen Stapel Zeitschriften. Daraus möchte ich gerne Blumen ausschneiden. Kannst du mir dabei helfen?" Wenn der Papa um Hilfe bittet, dann möchte man auch helfen! Versuchen Sie davon abzulenken, dass gerade alles im Chaos zu sein scheint. Begeben Sie sich auf die Suche nach der roten Maus, ist das eigentliche Problem bestimmt schnell vergessen.

Konsequent bleiben

Beim Essen bleiben alle am Tisch sitzen. Das ist eine Regel, die in vielen Familien besteht. Es ist auch eine Regel, die in vielen Familien für Diskussionen sorgt. Haben die Kleinen ihren Teller leer gegessen, fällt es ihnen oft schwer, ruhig am Tisch sitzen zu bleiben. Sie möchten nicht darauf warten, dass die Erwachsenen ihre Teller auch endlich aufgegessen haben. Bekommt der Nachwuchs nicht seinen Willen, kann das schon mal in einem ordentlichen Schreikrampf enden.

Nun ist die Frage: Lohnt sich der Aufwand, damit Ihr Kind am Tisch sitzen bleibt? Das ist generell Einstellungssache. Wenn diese Regel für Sie wichtig ist, dann ja. Möchten Sie bestimmte Dinge im Verhalten Ihres Kindes bestärken, dürfen Sie in solchen Momenten nicht nachgeben und sollten konsequent bleiben. Auch wenn es bedeutet, dass das Abendessen weniger harmonisch verläuft. Nutzen Sie die genannten Tipps, um eine Lösung zu finden und dem Kind die Chance zu geben, sich zu beruhigen.

Achtung: Kommt es mehrfach täglich zu drastischen Gefühlsausbrüchen, und das über einen langen Zeitraum, sollten Sie darüber nachdenken, einen Spezialisten aufzusuchen. Ist die Anzahl der Wutanfälle ungewöhnlich hoch oder halten sie sehr lange an, kann dies auf eine Entwicklungsstörung hindeuten. Treffen Sie jedoch keine voreiligen Schlüsse. Kinder mit einer Entwicklungsstörung sind in dieser Phase nicht einfach nur anstrengend. Sie machen es teilweise unmöglich, einen normalen Familienalltag zu führen. Die Chancen, dass Ihr – aktuell etwas anstrengendes – Kind professionelle Betreuung benötigt, sind sehr gering.

Ganz allgemein lässt sich sagen, dass gelassene Eltern es leichter haben, mit schreienden Kindern umzugehen. Denn bis die Kleinen ihre Emotionen unter Kontrolle haben, haben sie gelernt, dass Schreien und Toben keinen Effekt auf die Eltern hat. Damit lohnt es sich quasi nicht, diese Taktik beizubehalten, um den eigenen Willen durchzusetzen. Das beruhigt Kinder und Eltern gleichermaßen.

Übrigens gehen Erziehungsexperten davon aus, dass Eltern, die während der ersten Lebensjahre ihrer Kinder locker bleiben, auch die Pubertät besser überstehen. Zum einen lassen sie sich von einem trotzigen Teenager nicht aus der Ruhe bringen. Zum anderen haben sie in den frühen Phasen der Erziehung wichtige Grundsteine für emotional stabilere Teenager gelegt – im Rahmen des Realistischen natürlich. Die Teenagerjahre sind garantiert auch für die gelassensten Eltern kein Pappenstiel.

Bonuskapitel: Therapie für ein glückliches Familienleben – Wenn Eltern Hilfe brauchen

Selbst in den harmonischsten Familien lässt sich Streit nicht vermeiden. Je mehr Familienmitglieder unter einem Dach leben, umso mehr Streitpotenzial ist vorhanden. In der Regel sind diese Konflikte jedoch schnell vom Tisch und die Harmonie kehrt zurück. Was ist aber, wenn es dauerhaft zu Konfliktsituationen kommt? Eine Familientherapie kann hier der richtige Ansatz sein, um ein glückliches Familienleben zu sichern.

Jedes Familienmitglied soll sich im Familienverbund gut aufgehoben fühlen. Die Familie ist ein Zufluchtsort, der Rückhalt und Kraft geben soll, und das in allen Lebenslagen. Dennoch kann es passieren, dass dieser Zusammenhalt auseinanderbricht und ein normales Zusammenleben kaum noch möglich ist. Familien haben die Möglichkeit, in einer solchen

Situation auf professionelle Hilfe zurückzugreifen. Das Angebot ist umfangreich:

- Anonyme Beratungsstellen
- Betreuung durch das Jugendamt
- Ansprechpartner beim Sozialamt
- Privat oder öffentlich geförderte Therapiestellen

Eine Familientherapie ist häufig ein guter Weg, um gemeinsam eine neue Richtung einschlagen zu können. Die Familientherapie selbst ist dabei nicht als alleinstehende Therapieform zu verstehen. Sie beschreibt lediglich die Tatsache, dass die Familie gemeinsam an der Therapie teilnimmt. Dies steht im Gegensatz zur Psychotherapie. Bei dieser bezieht sich die Behandlung auf ein Individuum.

Die Systemische Familientherapie ist für viele Experten der bevorzugte Ansatz. Sie stammt aus der therapeutischen Arbeit mit Familien. Natürlich gibt es auch andere Therapieansätze, wie etwa den verhaltenstherapeutischen Ansatz oder den psychoanalytischen. Da die Systemische Familientherapie häufig zum Einsatz kommt und eine wissenschaftlich anerkannte Methode der Psychotherapie ist, möchte ich die Vor- und Nachteile dieser Therapieform benennen.

Systemische Familientherapie

Die Systemische Familientherapie findet ihre Basis in der Zusammenarbeit aller Familienmitglieder. Es geht darum, gemeinsam die bestehende Situation zu verbessern. Der Therapeut bietet Wege dafür an, ein neues Verständnis für das Familienleben zu erlangen. Oft reicht ein neuer Blickwinkel aus, um zu verstehen, wie sich das Familienleben verbessern lässt.

Der Fokus dieser Therapieform liegt also darauf, die Beziehungsqualität zwischen allen Personen zu verbessern. Dafür werden die bestehenden Beziehungsprozesse genau betrachtet. Bestehende Krisen werden nicht unter dem Aspekt betrachtet, dass eine einzelne Person diese lösen soll. Es wird herausgefiltert, welche Rolle jedes einzelne Familienmitglied spielt und welche Verhaltensänderungen eine Verbesserung ermöglichen.

Dennoch erlaubt dieser Therapieansatz den sogenannten Symptomträger zu identifizieren. Diese Person steht sozusagen im Mittelpunkt der Schwierigkeiten im familiären Umgang. Alle Mitglieder der Familie können zum Symptomträger werden, auch Kinder.

Das Ziel der Systemischen Familientherapie ist eine gemeinsame familiäre Beantwortung folgender Fragen:

- Welche Familienkrise besteht?
- Wie ist es zu dieser Situation gekommen?
- Wer legt welche Verhaltensweisen an den Tag?
- Wie lässt sich die Krise gemeinsam bewältigen?

Die Auslöser für bestehende Probleme können ganz unterschiedlicher Art sein. Häufig werden die Bedürfnisse der einzelnen Familienmitglieder nicht gesehen oder falsch verstanden. Sind die Probleme konkret benannt, kann man daran arbeiten, eine gemeinsame Basis für die Lösung zu finden.

Die Systemische Therapie ist ein offiziell anerkanntes Verfahren der Psychotherapie. Sie lässt sich auf eine Reihe von Behandlungsbereichen anwenden:

- Psychosomatische Krankheiten
- Depressionen
- Suchterkrankungen
- Essstörungen

Die Therapieform eignet sich für Personen aller Altersklassen. Somit können auch Kinder und Jugendliche in die Therapie voll einbezogen werden. Die Therapie bezieht sich dabei auf alle relevanten Personen, die im Familienverband eine Rolle spielen. So kann es sein, dass auch die Großeltern, oder sogar nahestehende Freunde der Familie, Teil der zu bewältigenden Krise sind und in die Therapie einbezogen werden. Wie bei allen Therapieformen bedarf es auch hier der Voraussetzung, dass die Bereitschaft zur Behandlung gegeben ist.

Verlauf der Systemischen Therapie für Familien

Um eine Grundlage für die Therapie zu schaffen, werden die bestehenden Beziehungsstrukturen der Teilnehmer hinterfragt. Wie wird miteinander kommuniziert? Welche Person nimmt welche Rolle in der Familiendynamik ein? Wer legt welches Verhalten an den Tag? Sind diese Strukturen und die damit zusammenhängenden Symptome benannt, werden sie genauer betrachtet. Warum gibt es zum Beispiel Probleme bei der Kommunikation? Wurde in der Vergangenheit häufig Kritik geübt und hat sich das Verhalten als Standard etabliert?

Sind die Symptome benannt und verstanden, können alternative Wege aufgezeigt werden. Hierfür werden die wichtigsten Stärken und Ressourcen der einzelnen Personen genutzt – so findet jeder eine positive Rolle für die Verbesserung der Familiendynamik.

Die Therapieform legt großen Wert darauf, die erlernten Techniken und Lösungen im Alltag wirken zu lassen. Daher gibt es zwischen einzelnen Therapiesitzungen häufig große Abstände. Um die Situation zu verbessern, ist es natürlich erforderlich, dass alle Beteiligten bereit sind, ihr Verhalten zu ändern. Aktive Mitarbeit ist der Grundstein zum Erfolg dieser Therapieform.

Die Systemische Familientherapie ist nicht immer die beste Therapieform. So kann es sein, dass das Familienleben aufgrund von Erkrankungen einzelner Mitglieder gestört ist. Beispiele hierfür wären:

- Persönlichkeitsstörungen
- Zwangserkrankungen
- Traumatische Erfahrungen

Eine Einzeltherapie ist in solchen Fällen vielleicht die bessere Lösung. Darüber hinaus gibt es keine Allgemeinlösung in der Therapie. Jede Familie hat individuelle Probleme und muss als separate Einheit betrachtet werden. Hat die Systemische Familientherapie zum Beispiel einer Familie in Ihrem Bekanntenkreis geholfen, bedeutet dies nicht automatisch, dass es auch für Ihre Familie der richtige Ansatz ist.

Wenn Sie merken, dass Ihre Familie nicht in der Lage ist, einen „normalen" Alltag zu bewältigen, zögern Sie nicht, Hilfe zu erfragen. Es gibt eine Vielzahl von Hilfsangeboten, die auch anonym in Anspruch genommen werden können.

Es ist keine Schande, professionelle Unterstützung in Anspruch zu nehmen. Sie haben weder als Elternteil noch als Person versagt, wenn der Alltag zu überwältigend ist. Nehmen Sie keine Rücksicht darauf, was andere über Sie denken könnten, wenn Sie eine Therapie machen. Zum einen geht es hier um Sie und Ihre Familie – die Meinung Außenstehender hat keine Relevanz. Zum anderen werden Sie vielleicht überrascht sein, wie offen immer mehr Menschen mit diesem Thema umgehen. Vielleicht erhalten Sie sogar Unterstützung von anderen Familienmitgliedern und dem Freundeskreis.

Kapitel 6
Warum feste Familienstrukturen so wichtig sind

Lang vorbei sind die Zeiten, in denen eine glückliche Familie einem Baukastensystem glich – Mama, Papa und zwei Kinder. Moderne Familien sind dynamisch und durchlaufen eine Reihe von Zyklen. Die Gründe dafür sind vor allem im gesellschaftlichen Wandel zu sehen. Wir heiraten später, haben später im Leben Kinder und bekommen weniger Kinder als die vorhergehenden Generationen. Auch die Haushaltsdynamik hat sich verändert. Beide Eltern arbeiten und Mama ist nicht mehr der Mittelpunkt des Haushalts. Auch Papa darf mal das Kehrblech schwingen. Darüber hinaus sind gleichgeschlechtliche Partnerschaften keine Seltenheit mehr, und auch alleinerziehende Elternteile sehen sich weniger Vorurteilen gegenüber.

Im Alltag macht sich dies auf ganz unterschiedliche Art und Weise bemerkbar. Wenn beide Eltern arbeiten, muss die gemeinsame Zeit gut geplant sein. Auch die steigende Anzahl von außerschulischen Aktivitäten spielt eine Rolle. Kurz gesagt: Es ist nicht einfach, eine feste Struktur in den Alltag moderner Familien zu bringen.

Dabei ist es für Kinder und Eltern wichtig, zumindest einen grundlegenden Plan zu haben. Vor allem sehr jungen Kindern hilft eine tägliche Struktur dabei, sich im Alltag zurechtzufinden. Welche Strukturen zum Tragen kommen, ist von Familie zu Familie unterschiedlich. Sie können sich in vielen Bereichen des täglichen Lebens finden:

- Feste Bettgehzeiten
- Morgenroutine
- Freizeitplanung
- Koordination von Scheidungshaushalten
- Familienrituale

Persönliche Rituale sind in den meisten Familien zu finden. Daher eignen sie sich sehr gut, die Vorteile von festen Strukturen zu erläutern.

Das gemeinsame Abendessen, ein Gebet vor dem Schlafen oder der wöchentliche Videoabend – Familien haben ihre ganz eigenen Rituale. Diese spiegeln wider, was für die Familie wichtig ist und was sie ausmacht. Die Rituale festigen den Familienbund und stärken emotionale Bindungen. Insbesondere Kinder können sich mit Hilfe dieser Routine orientieren und fühlen sich geborgen.

Ein Ritual ist nicht nur eine schöne Sache, es dient auch einem hilfreichen Zweck. Wenn alle mit dem Vorgang etwas Positives verbinden, erleichtert dies den Alltag. Eltern und Kinder profitieren davon, zu einem bestimmten Zeitpunkt ohne Diskussion einen gemeinsamen Nenner zu finden.

Für Kinder ist der Faktor der Vorhersehbarkeit relevant. Sie wissen, dass es jeden Samstagmorgen ein entspanntes Frühstück mit Pfannkuchen und heißer Schokolade gibt. Dieses Bewusstsein bietet Sicherheit und einen Fixpunkt. Denn nach einer emotionalen ersten Woche im Kindergarten sind Pfannkuchen und Kakao genau das Richtige.

Solche Ordnungsstrukturen im Familienleben sind für Eltern ebenfalls entlastend. Sie lassen sich den individuellen Bedürfnissen anpassen. Geht Mama jeden Mittwochabend zum Schachtraining, möchte sie nicht jedes Mal darüber diskutieren, dass sie für zwei Stunden das Haus verlässt. Wird es dann zu einem Ritual, dass Papa mit den Kindern Brettspiele spielt, bleibt eine Diskussion aus.

Auch ungeliebte Aufgaben lassen sich durch solche Strukturen einfacher handhaben. Jeden Freitag wird das Zimmer aufgeräumt, und anschließend gibt es einen Familienvideoabend. Der Fokus wird also auf den gemeinsamen Abend verschoben und nicht auf das Aufräumen des Zimmers.

Auch alltägliche Vorgänge können als Ritual dienen. Eine feste Zubettgehzeit oder die morgendliche Reihenfolge für die Badezimmernutzung sind nicht besonders speziell. Aber versuchen Sie einmal, sich in der Badezimmerfolge vorzudrängeln, ohne Protest von allen Beteiligten zu hören.

Kinder erlernen durch feste Strukturen eigenständiges Handeln. Gibt es im Laufe des Tages eine Reihe von Aufgaben zu erfüllen oder Abläufe einzuhalten, dienen diese als Eckpfeiler, um den Tag zu planen. Schnell gewöhnen sich die Kinder an die Rituale und freuen sich, ganz eigenständig zu handeln. Das stärkt das Selbstbewusstsein. Es fördert außerdem die Akzeptanz von klaren Familienregeln.

Die individuelle Familienstruktur sollte auf keinen Fall aufgezwungen werden. Im Idealfall werden Rituale oder Aufgaben gemeinsam besprochen und verteilt. Junge Paare stellen mit der Geburt des ersten Kindes nicht selten fest, dass sie in dieser Hinsicht zum Teil sehr unterschiedliche Ideen und Erwartungen haben. Denn jeder hatte in der Vergangenheit seine eigenen Familienstrukturen, die er nun gern beibehalten möchte. Während der eine Papa also früher immer um Punkt 18 Uhr gegessen hat und das Abendessen als einen wichtigen Fixpunkt am Tag sieht, hat der andere Papa es vielleicht genossen, für das Einnehmen der Abendmahlzeit totale Freiheit zu haben. Hier müssen Kompromisse her. Viele Familien finden so ihren ganz eigenen Rhythmus und schaffen neue Rituale.

Auch sollte die Anzahl der Regeln und Familienbräuche im Rahmen bleiben. Gibt es für jeden Teil des Tagesablaufes feste Vorgaben, bleibt die individuelle Entfaltung auf der Strecke. Passen Sie die kleinen Sitten und Aufgaben regelmäßig an. Diese sollten zum Beispiel dem Alter des Kindes entsprechen. Versuchen Sie dabei, die Grundidee beizubehalten. Was in der Kindheit das Frühstück mit Pfannkuchen war, kann für einen Teenager ein Brunch-Date werden. So geht die gemeinsame Zeit nicht verloren.

Wenn das Umfeld unglücklich macht

Ein gesundes Familienumfeld ist die wichtigste Grundlage, um glückliche Kinder zu erziehen. Gibt es im Alltag viele Konfliktsituationen und Krisen, ist es schwer, sich von diesen negativen Einflüssen zu lösen. Kinder spüren sofort, wenn es im Haushalt Spannungen gibt. Schon Babys im Alter von wenigen Monaten sind unruhig und weinen, wenn sie in Kontakt mit einer angespannten Person kommen.

In den meisten Familien gehört Streit nicht zur Tagesordnung. Auch sind Eltern oder Geschwister in der Regel nicht konstant angespannt oder überfordert. Daher sind es vor allem Ausnahmesituationen, die sich längerfristig negativ auf die Kindesentwicklung auswirken können. Einige ernst zu nehmende Risikofaktoren, die innerhalb einer Familie auftreten können, werden nachfolgend erwähnt:

- Suchtproblematiken
- Scheidungsschlachten
- Schwere Erkrankungen
- Gravierende finanzielle Probleme

Leider ist es in diesen extremen Situationen keine Seltenheit, dass die Auswirkungen auf die Kinder nicht berücksichtigt werden. Eltern denken irrtümlich, dass es die Kleinen nicht interessiert, wenn man selber ständig angespannt ist – denn gegenüber den Kindern gibt man sich doch gut gelaunt.

Kapitel 6 Warum feste Familienstrukturen so wichtig sind

Wenn Sie sich in einer Situation befinden, die Sie oder Ihren Partner überfordert, können Sie davon ausgehen, dass Ihr Kind ein Gespür dafür hat. Versuchen Sie daher, das Problem möglichst schnell zu beheben. Dies ist nicht immer leicht. Gibt es etwa im Haushalt ein Familienmitglied mit Suchtproblemen, kann dies über einen langen Zeitraum Probleme bereiten. Nutzen Sie am besten die Hilfestellungen, die regional geboten werden. Die meisten Städte und Gemeinden haben kostenlose Anlaufstellen, die nicht nur für Betroffene, sondern auch für Familienangehörige geeignet sind.

Ist das Kind alt genug, gehen Sie offen mit den Problemen um. Vermitteln Sie die Situation altersgerecht. Haben Sie zum Beispiel Ihren Job verloren und befinden sich in einer finanziellen Notlage, gehen Sie offen mit dem Thema um. Sprechen Sie darüber, dass Sie leider nicht mehr arbeiten können und nun ein paar wichtige Entscheidungen zu treffen haben. Sprechen Sie auch darüber, dass die Situation nicht einfach ist. Geben Sie gleichzeitig zu verstehen, dass Sie daran arbeiten und sich das Kind keine Sorgen machen muss. Es ist nicht notwendig, ins Detail zu gehen. Kinder brauchen aber in solchen Momenten eine verbale Bestätigung, dass es in Ordnung ist, auch mal traurig zu sein, und dass es sich wieder ändern wird.

Komplizierter ist das Geschehen, wenn zum Beispiel ein Geschwisterkind an einer schweren Krankheit leidet. Die gesamte Energie und Aufmerksamkeit wird für die erkrankte Person aufgebracht. Auch hier kann es schnell passieren, dass die anderen Familienmitglieder vernachlässigt werden. Krankenhäuser bieten für betroffene Familien Gruppen an. Hier lernen sie, mit der Situation umzugehen. Sie tauschen sich mit anderen Familien aus. Für Kinder ist der Besuch solcher Gruppen häufig sehr hilfreich. Sie können unter anderem sehen, dass sie nicht die einzigen sind, die mit schwierigen Aufgaben umgehen müssen.

Leider kann ein negatives Umfeld auch außerhalb der Geborgenheit der Familie Einfluss auf die Kindesentwicklung haben. Einige Kinder fühlen sich bei der Tagesmutter oder im Kindergarten nicht wohl. Gibt es in der Pflegestelle ein Kind, das extrem laut und störend ist, sind sensible Kinder dem schutzlos ausgeliefert. Bis zu einem Alter von drei Jahren fällt es Kindern schwer, genau zu benennen, was das Problem ist. Sie fühlen sich unwohl in der Gruppe, können aber nicht vermitteln, warum dem so ist. Stattdessen weigern sie sich morgens, ihre Kleidung anzuziehen, beginnen bei der Übergabe zu weinen und wollen nicht in die Betreuung gehen. Hält eine solche Phase über einen langen Zeitraum an, suchen Sie das ehrliche Gespräch mit den Betreuern. Gehen Sie möglichst unvoreingenommen in ein solches Gespräch. Nur so lässt sich schnell herausfinden, was das Problem ist. Werden von Anfang an Anschuldigungen ausgesprochen, wird das die Situation für Ihr Kind nicht verbessern.

Selbst die Schule kann ein Ort sein, der eine große Belastung für Ihr Kind darstellt. Das Thema Mobbing ist in den vergangenen Jahren zunehmend präsent geworden. Laut den Ergebnissen der PISA Studie aus dem Jahr 2017 ist jeder sechste Schüler direkt von Mobbing betroffen. Doppelt so viele haben Angst davor, von anderen gemobbt zu werden. Sowohl verbale als auch körperliche Gewalt in der Schule und auf dem Schulweg ist heute keine Seltenheit mehr. Darüber hinaus findet indirektes Mobbing statt. Die Kinder werden ausgegrenzt oder kommen durch Gerüchte und Lügen in Verruf. Eine weitere Dimension ist das Cybermobbing.

Haben Sie den Verdacht, dass Ihr Kind von Mobbing in der Schule betroffen ist, gibt es mehrere Wege, damit umzugehen. Ein allgemeines Gespräch über die Situation in der Schule kann Hinweise darauf geben, dass etwas nicht stimmt. Sehen Sie sich in Ihrem Verdacht bestätigt, fragen Sie Ihr Kind direkt. Vor allem kleinere Probleme lassen sich so schnell herausfinden und lösen. Zieht das Kind sich zurück und verweigert die Kommunikation, schaffen Sie gezielte Informationsplattformen in der Familie.

Machen Sie es zu einem Familienritual, dass jeder am Ende eines Tages darüber berichtet, was er besonders gut fand und was nicht. Da in diesem Moment keine direkten Informationen erfragt werden, fällt es Ihrem Kind wahrscheinlich leichter, sich zu öffnen. Darüber hinaus stärkt diese Übung die Fähigkeit, sich auf die positiven Aspekte des Tages zu konzentrieren.

Oma ist gemein – Wenn Familienmitglieder unglücklich machen

Familie kann ganz schön anstrengend sein. Es gibt kaum eine Verwandtschaft, in der es keine komplizierten Beziehungen gibt. Bei Paaren sind es dann nicht nur die eigenen Familienmitglieder, sondern auch die des Partners, die im Alltag relevant sind. Kleine Streitereien zwischen Geschwistern oder ein schwieriges Verhältnis zur Tante sind also keine Seltenheit.

Was ist aber, wenn die Präsenz bestimmter Personen das Familienleben ernsthaft belastet? Ein klassisches Beispiel ist eine anstrengende Beziehung zu den eigenen Eltern. Da gibt es die Mütter, die sich unentwegt in die Erziehung einmischen wollen, oder Väter, die die Partnerwahl ihres Kindes auch nach zehn Ehejahren nicht akzeptiert haben.

Große und kleine Familienkrisen beziehen in den meisten Fällen hauptsächlich die Erwachsenen ein. Dabei gibt es zwei Arten von Familienkrisen. Bei der einen Art schlagen bestimmte Vorfälle temporär eine Kluft zwischen die Beteiligten. Ein Streit um Erbansprüche oder eine politische Meinungsverschiedenheit können dafür ein Auslöser sein. Solange solche Auseinandersetzungen nicht zur Tagesordnung gehören, sind sie auf lange Sicht nicht immer problematisch.

Anders schaut es aus, wenn es anhaltende Anspannungen zwischen einzelnen Personen gibt. Hier ist nicht unbedingt ein bestimmter Moment der Auslöser und auch Streits sind nicht an der Tagesordnung. Es kommt zu vielen kleinen Krisenmomenten, und häufig behandelt man sich gegenseitig mit wenig Respekt. Ist ein Kind ständig von solchem Verhalten umgeben, kann das in vielen Bereichen negative Auswirkungen haben:

- Das Kind erlernt respektlosen Umgang mit anderen
- Das Kind fühlt sich unwohl bei Familientreffen
- Das Kind verspürt eine innere Unruhe aufgrund der gereizten Situation

Abhängig davon, wie gut ein Kind mit den auftretenden Emotionen umgehen kann, sind die Auswirkungen mehr oder weniger stark. Ein selbstbewusstes Kind ist in der Lage, klar zu vermitteln, wenn es beispielsweise ein Problem damit hat, Zeit mit der „gemeinen" Cousine zu verbringen. In manchen Situationen hilft das direkte Feedback von Kindern sogar, die Situation in einem neuen Licht zu sehen. Wenn ein Fünfjähriger in der Lage ist, herauszufiltern, dass Mama und Oma nicht besonders nett miteinander umgehen, kann das ein echtes Aha-Erlebnissein.

Problematisch ist es, wenn ein Kind keine emotionale Festigung hat und das Selbstbewusstsein nicht ausgeprägt ist. Die negativen Gefühle, die das Kind mit diesem Teil der Familie assoziiert, ergeben keinen Sinn. Die Familie soll schließlich ein Ort der Geborgenheit sein. Dieser innere Zwiespalt ist für einen jungen Menschen extrem belastend.

Lang bestehende Familienstreitigkeiten gehören für viele Erwachsene einfach zum Alltag dazu. Man hat sich so an die Situation gewöhnt, dass es einem nicht in den Sinn kommt, dass sie für Außenstehende belastend sein könnte. Daher erkennen Eltern oder Großeltern nicht immer sofort, wenn ein Kind unter dem Ist-Zustand leidet. Klassische Anzeichen sind, wenn ein Kind sich weigert, bestimmte Personen zu besuchen. Beginnt der Ausflug zum Sonntagskaffee bei Tante Lisa also mit einer langen Diskussion darüber, dass das Kind das Haus nicht verlassen möchte, könnte das ein Hinweis sein. Einige Kinder ziehen sich gegenüber bestimmten Familienmitgliedern zurück oder werden ihnen gegenüber sogar unhöflich – sie schauen sich in diesem Fall das Verhalten der Eltern ab. Andere Kinder haben sogar körperliche Beschwerden und klagen über Kopfschmerzen oder Übelkeit.

Bonuskapitel: Feste Strukturen für Pflege- und Adoptivkinder schaffen

Eltern und Familien mit Pflege- oder Adoptivkindern stehen vor einer ganz besonderen Herausforderung. Sie befinden sich in einer Situation, die von vielen Faktoren beeinflusst wird, welche in einem klassischen Familienverband nicht unbedingt vorkommen. Eine Ausnahme stellen in diesem Zusammenhang Kinder dar, die bereits im Säuglingsalter adoptiert und in die Familie aufgenommen wurden. In diesem Fall bestehen keine signifikanten Unterschiede zu anderen Familienstrukturen.

Daher möchte ich mich auf Familien konzentrieren, die ältere Adoptivkinder aufnehmen oder Pflegekinder für eine unbestimmte Zeit in ihrer Obhut haben. Beide Szenarien bringen sehr unterschiedliche Herausforderungen mit sich.

Adoptivkinder in den Familienalltag integrieren

Die Zahl der Adoptionen in Deutschland ist in den vergangenen Jahrzehnten stark zurückgegangen. Die Gründe dafür sind vielfältig. Unter anderem haben sich die Erfolgschancen der Reproduktionsmedizin deutlich verbessert. Im Jahr 2018 wurden etwas mehr als 3.700 Kinder adoptiert. Im Vergleich: Im Jahr 2006 waren es noch knapp 4.750 Kinder. Ein Großteil der Adoptionen bezieht sich jedoch auf Stiefkinder, die von einem neuen Partner adoptiert wurden. So handelte es sich z. B. im Jahr 2017 bei mehr als 60 % aller erfolgreichen

Adoptionen um Stiefelternadoptionen. Die Dauer einer Adoption beträgt je nach Herkunftsland und Einzelfall zwischen fünf Monaten und bis zu vier Jahren und mehr. Dabei kann jedoch nicht garantiert werden, dass es tatsächlich zu einer Adoption kommt. Säuglingsadoptionen werden in der Regel schneller vollzogen als die Adoption älterer Kinder.

Gleich zu Beginn: Wenn Sie sich aktuell in der Situation befinden, ein Kleinkind oder gar ein Schulkind in Ihren Alltag aufzunehmen, machen Sie sich auf eine turbulente Zeit gefasst. Da es Ihnen offensichtlich nicht an genügend Liebe fehlt, um Platz für ein neues Familienmitglied zu schaffen, brauchen Sie sich in diesem Bereich keine Sorgen zu machen. Jedoch wird nun Ihre Geduld ganz besonders gefordert. Abhängig davon, welcher Situation das Kind entnommen wurde, kann es zu kleinen Problemen oder großen Katastrophen kommen. Ein absolutes Zauberwort in dieser spannenden Zeit: Struktur!

Allgemein betrachtet gelten für Sie nun die gleichen Grundsätze wie für jede andere Familie. Der Unterschied ist nur, dass Sie keine Zeit hatten, eine gemeinsame und harmonische Basis mit Ihrem Kind zu gestalten. Wo die klassische Familie bereits ausreichend Tage damit verbracht hat Rituale, Alltagsabläufe oder Regeln aufzustellen, erhalten Sie ein komplettes Set an Regeln und Gewohnheiten, das Ihnen völlig unbekannt ist. Denn unabhängig davon, ob ein Adoptivkind kurzfristig aus einer Familie genommen wurde oder ob es sich bereits lange Zeit in staatlicher Obhut bzw. bei einer Pflegefamilie befand – es wurde dort auf die eine oder andere Art geprägt.

Nun geht es nicht darum zu urteilen, ob die erlernten Regeln und Verhaltensweisen als gut oder schlecht einzuordnen sind. Vor allem zu Beginn des Zusammenlebens geht es darum herauszufinden, welches Verständnis überhaupt für Alltagsstrukturen vorhanden ist. Kennt das Kind eine feste Bettzeit? Möchte es jeden Abend ein Glas warme Milch? Hat es Angst alleine im Zimmer zu schlafen?

Kapitel 6 Warum feste Familienstrukturen so wichtig sind

Was aus der Sicht des Kindes wichtig ist und was nicht, lässt sich nicht immer so leicht erkennen. Oft ist es hilfreich, einen Schritt zurückzutreten und genau zu beobachten, ob es z. B. Angewohnheiten oder Wünsche gibt, die sich stets wiederholen. Möchte das Kind jeden Abend baden gehen oder geht es ohne seinen Teddy nicht aus dem Haus? Vielleicht fällt es ihm schwer, eine feste Bettzeit zu akzeptieren. Es kann auch sein, dass es nicht daran gewöhnt ist, sich regelmäßig die Zähne zu putzen.

Es ist egal, welche eigenen Rituale und Ideen das Kind mit in die Familie bringt. Für einen funktionierenden und harmonischen Familienverband ist es von zentraler Bedeutung, einen gemeinsamen Weg zu finden. Ein klassischer Fehler wäre es, dem Kind die eigene Vorstellung des Alltags einfach überzustülpen. „Bei uns wird das nicht so gemacht!" Eine Aussage, die die Bedürfnisse des Kindes überhaupt nicht einbezieht. Denn das UNS, von dem hier die Rede ist, kam ohne jegliche Einbeziehung des Kindes zustande.

Das Schaffen von klaren Strukturen wird also ein wenig Zeit in Anspruch nehmen. Es ist daher hilfreich, in kleinen Schritten zu arbeiten. Unbedingt ist zu erfragen, welche Punkte des Tagesablaufs für das neue Familienmitglied von Bedeutung sind. Oft sind es Dinge, die den neuen Eltern nahezu belanglos erscheinen. Ein Kind kann z. B. Komfort darin finden, die Zimmertür in der Nacht einen Spalt geöffnet zu haben. Es kann aber auch sein, dass der wöchentliche Besuch in einem bestimmten Park wichtig ist. Vielleicht ist es auch einfach nur ein Nutellabrötchen am Sonntagmorgen. Was es auch sein mag - es kommt darauf an, diese speziellen Rituale zu identifizieren und sie zum Teil der neuen Familie zu machen. So wird es einfacher den Neuzugang in die bestehende Familie zu integrieren. Hat das neue Familienmitglied erst einmal seinen eigenen Platz gefunden, wächst das Vertrauen. So lassen sich gemeinsam Regeln und Rituale finden.

Zudem dürfen Adoptiveltern nicht zu nachgiebig sein. Von Beginn an ist zu verdeutlichen, dass es existierende Strukturen gibt. Diese sind zwar nicht unumstößlich, bilden aber die Grundlage für das zukünftige Zusammenleben. Ein klassisches Beispiel dafür ist die Bettzeit. Vielleicht hat das Kind keinen festen Rhythmus. Es geht schlafen, wenn es müde ist. Für einen strukturierten Alltag ist diese Angewohnheit wenig förderlich. Vor allem dann, wenn es bereits andere Kinder in der Familie gibt. Es wird kaum möglich sein, dem Adoptivkind von heute auf morgen einen festen Schlafrhythmus anzugewöhnen. Mit Hilfe der Theorie der systemischen Organisationsentwicklung kann jedoch ein Weg gefunden werden, der für alle Beteiligten angenehm ist. Die systemische Organisationsentwicklung findet ihre Grundlage in der systemischen Familientherapie.

Bei der Problemlösung liegt der Fokus nicht auf dem Problembereich. Vielmehr werden hier sämtliche Faktoren betrachtet, die Einfluss auf die Situation haben. Damit ergeben sich folgende Zusammenhänge, die zu beachten sind:

- Personenbezogene Veränderung – Was ändert sich für das Kind, wenn es eine strukturierte Bettzeit hat? „Wenn du rechtzeitig ins Bett gehst, bist du am Morgen ausgeschlafen und fit für die Schule. Dann fühlst du dich besser."
- Subjektive Deutung der Situation – Hat das Kind wirklich keine Struktur hinsichtlich der Bettzeit oder geht es nur etwas später ins Bett als es etwa andere Kinder tun? Lässt sich ein Kompromiss in der bestehenden Struktur finden?
- Gemeinsame Deutung der Situation – Welche Kompromisse lassen sich finden, die für alle Parteien akzeptabel und zufriedenstellend sind? Bleibt am Abend vielleicht mehr Zeit, um gemeinsam ein Buch

zu lesen? Ein möglicher Weg zur Einigung wäre z. B.: „Du kannst eine halbe Stunde später ins Bett gehen, wenn wir in dieser Zeit gemeinsam lesen."
- Interaktionsstrukturen – Ist das Kind daran gewöhnt ins Bett geschickt zu werden? „Gerne helfe ich dir die passende Entscheidung zu treffen. Du brauchst dich nicht alleine darum zu kümmern zur richtigen Zeit ins Bett zu gehen."
- Umweltveränderungen – Was ist in der neuen Umgebung anders als zuvor? „Was brauchst du, um gut schlafen zu können?" Ein Nachtlicht, eine Geschichte, ein Kuscheltier oder ein Glas Milch könnte hier der Schlüssel zur Lösung sein.
- Wie schnell ändert sich die Situation – Der neue Rhythmus sollte dem Kind nicht einfach aufgezwungen werden. Stattdessen empfiehlt es sich zeitliche Staffelungen zu vereinbaren oder verschiedene Bettzeiten auszuprobieren.

Pflegekinder in den Familienalltag integrieren

Die Anzahl der minderjährigen Kinder, die in Pflegefamilien leben, nimmt stetig zu. Im Jahr 2017 befanden sich in Deutschland mehr als 81.000 Kinder und Jugendliche in Vollzeitpflege. Knapp 100.000 weitere Kinder und Jugendliche waren in Heimen untergebracht. Durchschnittlich sind die Pflegekinder für 30 Monate im Familienverband integriert.

In vielen Bundesländern mangelt es an Pflegefamilien. Allein in Berlin sind jährlich etwa 500 Pflegefamilien zu wenig vorhanden. Wenn es keine Pflegefamilien in der Nähe des ursprünglichen Wohnorts gibt, werden die Kinder oft aus ihrem gewohnten Umfeld gerissen. Im Extremfall zieht dies sogar einen Schulwechsel nach sich.

Ob Kindergartenkind, Schulkind oder Jugendlicher – Der Neustart in einer Pflegefamilie ist nicht einfach. Vor allem, da es sich in der Regel nur um eine temporäre Lösung handelt. Der Verlust der elterlichen Bezugspersonen ist oft sehr traumatisch. Sogar dann, wenn das familiäre Umfeld z. B. gewalttätig war. Daher ist es ratsam, gewisse Konstanten aus dem vorhergegangenen Alltag aufrecht zu erhalten. Das kann der Besuch in einem Sportverein oder auch die Mitwirkung in einer Band sein. Auf diese Weise können Pflegefamilien dem Kind Sicherheit geben und versuchen Vertrauen zu schaffen. So bekommt das Pflegekind nicht das Gefühl, dass ihm einfach alles weggenommen wurde.

Trotz der Unterbringung in einer Pflegefamilie kann ein Besuchsrecht der leiblichen Eltern bestehen. Denn es geht nicht darum, eine neue Familie für die Kinder zu finden. Sie sollen aus einer schädlichen Situation entfernt werden bis sich der Zustand in der leiblichen Familie stabilisiert hat. Ein klassisches Beispiel dafür sind Eltern mit Suchtproblemen oder einer mentalen Erkrankung. Den leiblichen Eltern werden alle Hilfsmittel zur Verfügung gestellt, um ihren Alltag wieder unter Kontrolle zu bekommen. Ist dies nach Einschätzung von Betreuern und Sozialarbeitern geschehen, werden die Kinder wieder in den heimischen Familienverband zurückgeführt.

Die Pflegefamilien werden gleich vor mehrere Herausforderungen gestellt. Zum einen hat das Pflegekind bereits einen gewohnten Alltag, der jedoch nicht automatisch schädlich für das Kind gewesen sein muss. Im Idealfall waren die zuständigen Ämter in der Lage die Kinder vor einer absoluten Eskalation aus dem kritischen Umfeld zu entfernen. Ein Ziel der Pflegefamilie besteht darin herauszufinden, wie sich bestehende Strukturen mit den eigenen verbinden lassen. Dies gilt sowohl für allgemeine Regeln, wie etwa der Anwesenheit beim Abendessen, als auch für die organisatorischen Abläufe, wie z. B. den Weg zur Schule. Dabei ist stets zu bedenken, dass es sich zumeist um eine zeitlich begrenzte Situation handelt.

Kapitel 6 Warum feste Familienstrukturen so wichtig sind

Zudem ist es nicht immer leicht abzuschätzen, ob das Kind sechs Monate oder drei Jahre in der Familie leben wird.

Aufgrund der temporären und ungewissen Situation ist das Pflegekind einer sehr hohen Belastung ausgesetzt. Je mehr der Alltag neu organisiert wird, umso schwieriger kann es sein, sich darin einzufinden. Dies ist besonders dann der Fall, wenn einem oder beiden leiblichen Elternteilen ein Besuchsrecht eingeräumt wird. Die regelmäßigen Treffen können dabei helfen, dem Kind ein Gefühl von Sicherheit zu vermitteln. Jedoch kann es sein, dass ein Kind in den Tagen nach dem Besuch sehr aufgewühlt und emotional ist.

Bei jungen Kindern im Vorschulalter ist es häufig schwer zu deuten, welche Hintergründe die Probleme verursachen. Denn ein Kleinkind sagt nicht, dass es Angst hat seine Eltern zu verlieren oder dass es seine Freunde vermisst. Oft reagiert das Kind einfach überemotional, gereizt oder zieht sich zurück. Das Einhalten von familiären Regeln und Strukturen stellt häufig eine Schwierigkeit dar. Es kann sogar sein, dass sich ein Pflegekind bewusst gegen die Regeln stellt, um sich der neuen Situation zu widersetzen.

Egal, welche Faktoren einspielen und welche Dynamik vorherrscht: Ohne das Einhalten von stützenden Grundstrukturen wird ein harmonisches Zusammenleben nicht möglich sein. Kommt es anhaltend zu Streit in der Familie, werden sowohl das Pflegekind als auch die Pflegeeltern nicht glücklich sein. Pflegeeltern sollten dem Kind die Regeln nicht einfach aufzwingen und erwarten, es würde sich daran halten. Zu Beginn sollte mit einfachen und realistischen Strukturen begonnen werden. Dabei sollten die Pflegeeltern gemeinsam mit dem Kind einzelne Regeln aufstellen, die nicht zu diskutieren sind. Von großer Bedeutung ist, dies im gegenseitigen Einverständnis zu tun. Voraussetzung dafür ist, dass das Kind für eine solche Konversation schon alt genug ist.

Tipp: Umso flexibler die Regeln aufgebaut sind, desto leichter sind sie von Kindern zu akzeptieren. Wenn Sie also möchten, dass Ihr Kind gegen 20:00 Uhr ins Bett geht, räumen Sie ihm eine Zeitspanne ein: Es kann selbst entscheiden, wann genau es zwischen 19:00 Uhr und 20:30 Uhr ins Bett gehen möchte. Dadurch, dass dem Kind ein großes Zeitfenster gegeben wird, fühlt es sich als entscheidungsberechtigte Person akzeptiert.

Kapitel 7
Warum es wichtig ist, konsequent zu sein

Eine gute Erziehung erlaubt es Kindern, sich individuell zu entfalten, ohne sich unter Druck gesetzt zu fühlen. Dies bedeutet aber nicht, dass es keine Richtlinien geben kann. Relevante Bezugspersonen sollten Kinder dabei helfen, ein Verständnis für ihre Umgebung zu erlangen. Was funktioniert und was nicht? Was ist möglich und was nicht? Wie diese Richtlinien und Ideen im Einzelnen aussehen, wird durch viele Faktoren bestimmt. So spielen der kulturelle Hintergrund oder religiöse Einflüsse eine Rolle. Auch persönliche Überzeugungen und Ideologien sowie gesellschaftliche Grundlagen sind ausschlaggebend.

Wichtig ist, dass Kindern eine klare Struktur an die Hand gegeben wird. Um diese zu erlernen und zu verstehen, müssen Eltern in der Erziehung konsequent sein. Das gilt für kleine und große Zusammenhänge. Soll Ihr Kind erlernen, sich gesund zu ernähren, gibt es eine Vielzahl von Eckpunkten, die dafür eine Grundlage schaffen. So entscheiden sich viele Eltern dazu, ihre Kinder keine gesüßten Getränke oder Säfte trinken zu lassen. Sie machen es von Beginn an zur Gewohnheit, dass diese Lebensmittel im eigenen Haushalt nicht präsent sind. Darüber hinaus besteht die Regel, dass die Kinder außerhalb des Hauses diese Getränke nicht konsumieren dürfen. Eine solche Regel umzusetzen, funktioniert nur, wenn man konsequent bei der Sache bleibt. So ist es kontraproduktiv, dem nervigen Fragen und Bitten nach Cola nachzugeben, wenn man gerade einen anstrengenden Arbeitstag hinter sich hat. Die Diskussion um ein Süßgetränk ist in solchen Momenten zwar anstrengend, aber notwendig. Wer in einem solchen Moment einfach nachgibt, schafft einen Präzedenzfall für die nächste Diskussion – und diese wird ohne Frage kommen.

Was für Cola, Schokolade und Co. gilt, lässt sich auch auf andere Bereiche übertragen. Tischregeln, Zubettgehzeiten, Hausaufgabenroutinen oder Übernachtungen bei Freunden – die bestehenden Regeln sollten auch in schwierigen Situationen eingehalten werden. Schwierig sind Situationen vor allem für Eltern. Das Kind weint, wird wütend oder traurig, wenn es nicht bekommt, wonach es fragt. Das kann daran liegen, dass es nicht versteht, warum es nicht bekommt, was es möchte. Daher setzen Sie immer darauf, die Regeln und deren Hintergründe genau zu erklären. Es kann aber auch sein, dass ein Kind die Grenzen testen möchte und sich fragt, wie lange es wohl schreien muss, bis es seinen Willen bekommt. Bemerkt ein Kind nämlich, dass ein bestimmtes Verhalten die gewünschten Erfolge erzielt, wird es dieses Verhalten verstärkt zeigen.

Schnell beginnt ein Kind dann damit, dieses Verhalten in allen Lebenslagen anzuwenden. Die Kommunikation zwischen Eltern und Kind wird zunehmend schwieriger. Häufig testen die Kleinen die neuen Tricks auch außerhalb der Familie aus, zum Beispiel im Kindergarten oder an Lehrern oder Freunden. Was als ein einfaches Jammern nach Süßigkeiten beginnt, kann in respektlosem Verhalten gegenüber anderen Personen enden. Kinder im Alter bis etwa fünf Jahren sind dabei nicht immer in der Lage, einen Fehler in ihrem Verhalten zu entdecken. Sie bekommen, was sie wollen – somit kann es doch gar nicht so falsch sein, sich mit anderen über das Spielzeug oder die Schaukel zu streiten. Ein etabliertes Verhaltensmuster zu durchbrechen, ist nicht leicht. Es bedarf viel Geduld und stellt eine Belastung für Eltern wie Kinder dar.

Eine konsequente Erziehung ist daher wichtig für das Kindeswohl. Aber wie lässt sich diese im Alltag realisieren?

Neun Tipps, um eine konsequente Erziehung umzusetzen

Als Eltern möchten wir, dass unsere Kinder selbstbewusst und unabhängig werden. Wir möchten ihnen alle Werkzeuge mit auf den Weg geben, um vernünftige Entscheidungen treffen und auf sich selbst vertrauen zu können. Um dies zu tun, gibt es für jede Familie und jede Person ganz individuelle Erziehungsansätze zu entdecken. Allerdings ist es unumgänglich, in den wichtigsten Erziehungspunkten Konsequenz zu zeigen.

Eine konsequente Erziehung basiert darauf, gemeinsam mit den Kindern Regeln und Leitsätze zu schaffen, die in alltäglichen wie besonderen Situationen Sicherheit geben. Diese Sicherheit erlaubt es Kindern, eigene Entscheidungen zu treffen. Sie fühlen sich gleichzeitig geborgen. Zieht die ganze Familie an einem Strang, erleichtert das das Zusammenleben aller Beteiligten.

Auf den ersten Blick scheint es ganz leicht, zu seinen selbstgesteckten Regeln zu stehen. Schließlich sind wir Erwachsene! Auf den zweiten Blick wird schnell klar, dass es nicht so einfach ist, auf jede Situation vorbereitet zu sein. Es kommt immer wieder zu Momenten, in denen das Verwerfen einer Regel einen möglichen Konflikt vermeiden kann. Vielleicht hilft es auch, eine angespannte Lage zu beruhigen. Der alltägliche Stress, Druck von außen und überreizte Nerven spielen in solche Entscheidungen hinein.

Um im Alltag die gewünschte Konsequenz durchsetzen zu können, gibt es verschiedene Hilfestellungen. Diese bieten ausreichend Spielraum, um individuelle Entscheidungen und Ideen einfließen zu lassen. Nutzen Sie die folgenden neun Punkte zur Orientierung, um einen eigenen Weg zu einer konsequenten Erziehung zu finden.

1. Klare Regeln bieten Struktur

Wie bereits in einem vorhergehenden Kapitel angesprochen, dienen Familienstrukturen dazu, den Kindern Sicherheit und Orientierung zu bieten. Benennen Sie klare und leicht verständliche Regeln, die von allen Familienmitgliedern eingehalten werden.

2. Regeln mit Inhalt versehen

„Höre bitte auf, im Supermarkt zu rennen." Eine Ansage, die für einen Erwachsenen sinnvoll erscheint. Ein Dreijähriger voller Energie wird jedoch wenig Verständnis dafür haben – denn Rennen macht viel mehr Spaß als still neben dem Einkaufswagen zu stehen. „Höre bitte auf, im Supermarkt zu rennen. Die Gänge sind eng, und du kannst leicht in andere Personen stolpern und dir wehtun." Wird eine Regel situationsbezogen erklärt, ist es für Kinder leichter, diese zu akzeptieren. Es hilft ihnen auch dabei, in der Zukunft diese Information selber anzuwenden. So lassen sich die richtigen Entscheidungen auch ohne die Hilfe der Eltern treffen.

3. Unmittelbare Konsequenzen ergeben Sinn

„Wenn du jetzt nicht zu schreien aufhörst, gibt es heute Abend keinen Nachtisch!" Werden Regeln nicht eingehalten, dürfen und sollten Kinder Konsequenzen erfahren. Diese sind jedoch nicht als Strafe zu verstehen. Sie sind im Idealfall im direkten Bezug auf die Situation ausgelegt. Gibt es also zum Abendessen keinen Pudding, weil Ihr Kind morgens im Bus getobt und geschrien hat, kann es den Zusammenhang nicht erkennen. Es besteht kein Lerneffekt.

„Da du dich weigerst, während des Abendessens am Tisch sitzen zu bleiben, kannst du auch keinen Nachtisch mit uns essen." In diesem Fall ist die Konsequenz nicht nur zeitlich naheliegend, sie ist auch logisch. Sie entsteht unmittelbar aus dem unerwünschten Verhalten. Das Kind ist in der Lage, daraus zu lernen.

4. Selbst die Regeln einhalten

Gehen Sie mit gutem Beispiel voran. Ihr Kind darf am Esstisch sein Handy nicht benutzen? Dann dürfen auch Mama und Papa keine WhatsApp-Nachrichten beantworten oder schnell bei Amazon einkaufen. Kinder lernen ihr Verhalten auch über Nachahmung. Und wenn selbst Papa die Regeln ab und zu bricht, dann kann es ja gar nicht so schlimm sein.

5. Ausnahmen zulassen

Ausnahmen bestätigen die Regel! Ein Sprichwort, das auch in der Erziehung greift. Ihr Kind hat seine halbe Stunde Tabletzeit bereits verbraucht? Aber es benötigt noch Inhalte für ein Referat am nächsten Tag? Dann ist es in Ordnung, die Regel mit einer Ausnahme zu versehen. In diesen Momenten ist es wichtig, mit dem Kind darüber zu sprechen, dass es sich um eine besondere Situation handelt. Wird dies nicht deutlich gemacht, wird sich das Kind garantiert daran erinnern und es beim nächsten Mal ansprechen.

6. Nicht beeinflussen lassen

Die eigenen Eltern, die Nachbarn oder auch wildfremde Personen – gerne geben alle ungefragt ihre Meinung kund, besonders in Sachen Kindererziehung. Jeder geht davon aus, seine Methoden seien die besten und ohne Frage die richtigen. Oma und Opa finden es vielleicht lächerlich, dass Ihr Kind keinen Zucker konsumieren soll. Gleichzeitig finden sie es unmöglich, dass Ihr Kind so lange am Smartphone sitzt. Richtende Blicke und Kommentare können dann verunsichernd sein. Vertrauen Sie darauf, für Ihre Familie die richtigen Entscheidungen zu treffen. Es geht nicht darum, den Anforderungen der anderen gerecht zu werden. Lediglich das Wohl Ihrer eigenen Familie steht im Mittelpunkt.

Ein klassisches Beispiel ist auch das schreiende Kind im Supermarkt. Es will die Dose mit den Kaugummis unbedingt haben. Um es zu beruhigen und nicht die Blicke der anderen auf sich zu ziehen, geben Sie nach. In diesem Moment sorgt das zwar für Ruhe, beim nächsten Besuch im Supermarkt stehen Sie aber vor dem gleichen Problem.

7. Weniger Regeln und mehr Vertrauen

Auch Regeln sollten ihre Grenzen haben. Wird jeder Aspekt im Leben durch vorgegebene Regeln kontrolliert, ist es nicht möglich, Eigenverantwortung zu lernen. Dinge werden auch nicht aus eigenem Antrieb umgesetzt. Je älter ein Kind ist, umso weniger Regeln sollten daher den Alltag strukturieren. So kann es eine Regel sein, dass die Hausaufgaben bis zum Abendessen fertig sein müssen. Aber es gibt keine bestimmte Uhrzeit während des Tages, zu der die Aufgaben zu erledigen sind. Bieten Sie außerdem ausreichend Entscheidungsfreiheiten in persönlichen Dingen. Wie wird das Taschengeld ausgegeben? Welche Kleidung möchte das Kind tragen? Wann steht es am Wochenende auf?

Kinder genießen es, diese Entscheidungen alleine treffen zu können. Sie sind stolz darauf, dass ihnen vertraut wird. Sie lernen, die eigenen Handlungen zu reflektieren und müssen auch mit Konsequenzen leben. Das ist ein guter Weg, um ein gesundes Selbstbewusstsein aufzubauen.

8. Zusammen und nicht gegeneinander arbeiten

Sie möchten ein System schaffen, in dem Ihr Kind volles Vertrauen zu Ihnen hat. Auch dann, wenn es eine Regel gebrochen hat. Hat ein Kind einen Fehler begangen, sollte es sich sicher fühlen, mit Ihnen darüber sprechen zu können. Ihre Reaktion auf das unerwünschte Verhalten ist dafür ausschlaggebend. In keiner Konstellation ist es hilfreich, zu schreien oder wütend zu werden – auch wenn Sie das sicher manchmal tun möchten. Suchen Sie immer das Gespräch:

- Was ist passiert?
- Wie hast du dich dabei gefühlt, als du die Regel gebrochen hast?
- Wie fühlst du dich jetzt?

Hinterfragen Sie die Gründe für die gemachten Entscheidungen. Geht es darum, Grenzen auszutesten? Schämt sich Ihr Kind? Wollte es vielleicht vor anderen angeben? Ist der Grund für das Verhalten gefunden, können Sie adäquat darauf reagieren. Ein ernsthaftes Gespräch kann in vielen Fällen besser sein als eine Bestrafung.

9. Nicht nur an die Kinder denken

Eine glückliche Familie ist eine Einheit. Egal, in welcher Zusammensetzung Sie Ihr Familienleben genießen – jeder Einzelne von Ihnen ist wichtig. Es geht nicht immer nur darum, alles für das Wohl des Kindes zu tun. Denken Sie auch an sich. Reservieren Sie den Sonntagmorgen für das Frühstück im Bett mit Ihrem Partner – keine Kinder erlaubt! Sagen Sie ruhig „Nein", wenn Sie zum 75. Mal den neuesten Trickfilm schauen sollen. Respektieren Sie sich als Person ebenso, wie Sie von anderen respektiert werden möchten.

Wenn Kinder früh lernen, dass gegenseitiger Respekt auch bedeutet, sich nicht unentwegt gegen die eigenen Bedürfnisse zu entscheiden, ist ein wichtiger Erziehungsbaustein gelegt.

Bonuskapitel: Hilfe, ich kann mein Kind nicht leiden!

Das Kind wird geboren und sofort ist ein unerschütterlicher Bund fürs Leben geschaffen. Der Mutterinstinkt funktioniert einfach. Der Vater ist stolz auf seinen Sprössling. Was auch immer da kommt: Diesen Zusammenhalt kann nichts erschüttern!

So oder so ähnlich funktioniert in den Köpfen vieler die Familie. Es ist uns sozusagen in die Wiege gelegt, dass unsere eigenen Kinder die Welt für uns bedeuten. In der Realität ist die Welt aber nicht immer so rosig. In diesem Zusammenhang ist die Wochenbettdepression besonders bekannt. Etwa acht Prozent aller Mütter sind davon betroffen. Es handelt sich um Depressionen, die innerhalb der ersten zwölf Monate nach einer Geburt auftreten, häufig innerhalb der ersten drei Monate. Schwere und Dauer der Depressionen können sehr unterschiedlich ausfallen.

Neben den typischen Depressionsanzeichen wie Stimmungsschwankungen, Niedergeschlagenheit und Antriebslosigkeit zeichnet sich in dieser Zeit auch ab, dass die Mutter keine besondere Bindung zum Kind aufbauen kann. Bleibt die Wochenbettdepression unbehandelt, kann das langfristige Auswirkungen auf Mutter und Kind haben. Kinder von depressiven Müttern zeigen zum Teil verzögerte Entwicklungen im körperlichen und mentalen Bereich. Daher ist es wichtig, bei einem Verdacht auf Wochenbettdepressionen einen Facharzt aufzusuchen. Schämen Sie sich nicht, wenn es Ihnen schwerfällt, eine emotionale Bindung zu Ihrem Kind aufzubauen. Mit professioneller Unterstützung können Sie Ihr mentales

Gleichgewicht wiedergewinnen und gemeinsam mit Ihrem Kind in eine positive Zukunft schauen.

Zusatzinformation: Wochenbettdepressionen sind nicht mit dem sogenannten Babyblues zu verwechseln. Dieser tritt in den ersten Wochen nach der Geburt auf. Rund 50 % aller Mütter berichten von Symptomen wie leichter Reizbarkeit oder starken Gefühlsschwankungen. Diese sind unter anderem auf den stark belasteten Hormonhaushalt sowie die mentale Belastung aufgrund der Schwangerschaft und Geburt zurückzuführen. In diesem Fall heißt es vor allem für den Partner: Augen zu und durch! Sollten die Symptome allerdings länger als acht Wochen lang anhalten, sollten Sie einen Besuch beim Arzt in Erwägung ziehen.

Aber nicht nur Depressionen können eine Barriere zwischen Eltern und Kinder schaffen. Besondere Umstände, wie beispielsweise eine mentale oder physische Erkrankung, stellen eine starke und vor allem konstante Belastung dar. Selten ist man darauf vorbereitet, diese Last zu tragen. In solchen extremen Situationen können Eltern eine Abneigung gegen das eigene Kind entwickeln. Diese Tatsache kann durch folgende äußere Faktoren noch verstärkt werden:

- Gesellschaftlicher Druck
- Fehlende Hilfsstrukturen
- Große finanzielle Last

Auch in dieser Situation ist es wichtig, sich nach Hilfe umzusehen. Oft reicht es aus, sich einer nahestehenden Person anzuvertrauen. Diese kann helfen, das eigene Selbstbewusstsein zu stärken, indem sie vermittelt: „Du bist keine schlechte Mutter! Du reagierst lediglich auf Umstände, die nicht in deiner Hand liegen." Ein Therapeut hilft auf professioneller Ebene dabei, Techniken zu erlernen, um mit den eigenen Gefühlen besser umgehen zu können.

Was ist aber, wenn es keine besonderen Umstände gibt? Ist es möglich, das eigene Kind schlichtweg nicht zu mögen? Die Antwort muss bejaht werden. Schon früh zeigen Kinder individuelle Charaktereigenschaften. Viele Mütter geben sogar an, dass Kinder bereits im Mutterleib ein bestimmtes Verhalten an den Tag legten, das sich später im Leben fortsetzte. Ein Baby, das während der Schwangerschaft sehr aktiv war, entpuppt sich dann zum Beispiel als kleiner Wildfang. Ruhige Babys entwickeln sich zu gelassenen Kindern.

Kinder beginnen also früh damit, ihre eigene Persönlichkeit zu entwickeln. Es gibt viele Theorien darüber, inwiefern die Erziehung in der Lage ist, diese aktiv zu beeinflussen. Besonders bekannt ist die Anlage-Umwelt-Theorie. Sie beschäftigt sich damit, herauszufinden, welche Faktoren der Charakterbildung der genetischen Anlage unterliegen und welche den Einflüssen aus der Umwelt. Auch wird genau betrachtet, welche Umwelteinflüsse sich in welcher Form auf die Entwicklung auswirken.

Es liegt also nicht zu 100 % in unserer Hand, welche Art von Person ein Kind wird. Wir können Grundwerte fördern – Höflichkeit, Respekt oder Dankbarkeit. Aber in vielen Bereichen sind eine gute Erziehung und die Weitergabe der eigenen Ideale nicht ausreichend. So kann es passieren, dass das eigene Kind zu einer Person heranwächst, mit der man selbst keine Gemeinsamkeiten hat.

Wenn Sie mehrere Kinder haben, kennen Sie vielleicht das Gefühl, dass Sie zu einem der Kinder einfach einen besseren Draht haben. Das ist zum Teil temporär. Steckt Ihr Baby gerade in einer drastischen Entwicklungsphase und lernt sprechen oder laufen, bekommt es natürlich mehr Aufmerksamkeit. Das bedeutet jedoch nicht unbedingt, dass Sie dieses Kind besser leiden können. Aber die Zuneigung kann auch über diese speziellen Phasen hinausgehen. Sie sind ein echter Sportfan und ständig mit Ihrer Tochter auf dem Tennisplatz?

Ihr Sohn ist von Sport wenig begeistert und verbringt seine Tage lieber mit einem Buch unter der Decke? In solchen Fällen gibt es schlichtweg weniger Schnittpunkte. Es fällt dann leichter, eine Beziehung zu der Person mit den gleichen Interessen aufzubauen.

Auch tiefergehende Charaktereigenschaften können Sie als störend empfinden. Ist Ihr Kind übermäßig sensibel und nimmt sich immer alles zu Herzen? Oder hat Ihr Kind aggressive Züge und ist nicht in der Lage, eine sachliche Diskussion zu führen? Vielleicht ist es auch extrem zurückhaltend und lässt niemanden an sich heran. Die denkbaren Szenarien sind vielfältig. Die Elternliebe erlaubt es uns, bis zu einem gewissen Grad über drastische Unterschiede zur eigenen Person hinwegzusehen. Je älter und eigenständiger die Kinder werden, umso mehr begegnet man sich jedoch auf Augenhöhe. Und dann ist es durchaus möglich, dass sich kein tiefes persönliches Verhältnis ausprägt.

Wenn Sie sich in einer solchen Situation befinden, ist es nicht leicht, diese zu akzeptieren. Versuchen Sie, sich auf die Fakten zu konzentrieren. Ihr Kind ist ein Individuum – im Idealfall haben Sie ihm dabei geholfen, genau das zu werden. Eine einzigartige Persönlichkeit zu entwickeln, ist für ein erfülltes Leben wichtig. Geben Sie Ihrem Kind, unabhängig von Ihren tieferen Gefühlen, Rückhalt und Sicherheit. Versuchen Sie, eine persönliche Bezugsperson im Leben Ihres Kindes zu sichern. In vielen Fällen ist das der Partner. Aber auch Großeltern oder ältere Geschwister können diesen Platz einnehmen. So bekommt Ihr Kind alles, was es braucht, um glücklich zu sein.

Kapitel 8
Unglückliche Kinder im Alltag – die Herausforderungen verstehen

Die Kindheit ist mit Abstand die wichtigste Lebensphase eines Menschen. Hier werden sämtliche Grundlagen für das spätere Leben gelegt. Eine Weiterentwicklung im Erwachsenenleben basiert oft darauf, Fehler aus der Vergangenheit auszubessern. Unglückliche Kinder befinden sich während dieser kritischen Phase in einem angreifbaren Zustand. Sie tragen oft eine Last mit sich, die ihre mentalen wie emotionalen Kapazitäten weit übersteigt.

Für den Alltag mit unglücklichen Kindern bedeutet dies, dass es anhaltend zu möglichen Problemen und Konfliktsituationen kommt. Darüber hinaus bewirkt die andauernde Belastung auch körperliche Defizite. Diverse Studien geben an, dass Kinder heute häufiger krank sind als noch vor 30 Jahren.

Um das Phänomen der unglücklichen Kinder in der Gesellschaft als Ganzes zu verstehen, müssen wir unseren Blick weiten. Es geht nicht nur darum, wie wir selbst mit einem Kind umgehen. Auch das tägliche Umfeld spielt eine Rolle. Wir haben ein festgefahrenes Bild von Kindern. Sie werden konstantem Leistungsdruck ausgesetzt und haben in bestimmten Gefügen zu funktionieren. Die Familiengemeinschaft selbst steht auch unter konstanter Beobachtung. Wird ein bereits unglückliches Kind in einer Vielzahl von Situationen überfordert, kann dies schwere Folgen haben.

Experten gehen davon aus, dass heute jedes zweite Kind an einer chronischen Erkrankung leidet. Auch mentale Erkrankungen werden bei Kindern immer häufiger diagnostiziert.

Um den Alltag zu meistern, kommen daher viele Herausforderungen auf Kinder und Eltern zu. Sind Kinder unglücklich, gibt es viele klassische Hürden:

- Das Kind findet keinen Anschluss zu Gleichaltrigen
- Es kommt vermehrt zu Konfliktsituationen
- Schulische Leistungen sind mittelmäßig
- Es gibt häufig Streit über Nichtigkeiten im Haushalt

Solche Probleme können schon frühzeitig auftreten. Das moderne Gesellschaftsmodell macht es leider erforderlich, dass Kinder immer früher fremdbetreut werden. Zum Teil müssen beide Elternteile bereits wenige Monate nach der Geburt wieder mit der Arbeit beginnen. Diese fehlende Bindungszeit zu mindestens einem Elternteil macht sich bemerkbar. Die Kleinen sind unruhig und fühlen sich an keinem Ort richtig aufgehoben. Sie akzeptieren weder die heimischen Regeln noch die der Betreuungsstätte. Schnell etabliert sich das Kind als anstrengend – entsprechend wird es dann auch von Betreuern und Eltern behandelt. Es beginnt ein Teufelskreis.

Stressiger Alltag ist zusätzliche Belastung

Ob Ihr Kind glücklich ist oder nicht – der alltägliche Stress, dem unsere Familien ausgesetzt sind, hinterlässt seine Spuren. Vom Moment des Aufstehens bis zum Zudecken am Abend ist für jedes Familienmitglied alles genau durchgeplant. Ist Ihr Kind dann in einer emotional schwierigen Phase und fühlt sich unglücklich, ist das Vorhaben, es einfach nur durch den Tag zu schaffen, zum Scheitern verurteilt. Selbst Kindergartenkinder sehen sich diesem Problem gegenüber. Sie werden zu einem bestimmten Zeitpunkt abgegeben und wieder eingesammelt. Dazwischen besteht der Tag aus festen Schlafenszeiten, Spielzeiten und Essenszeiten. Freie Entfaltung und emotionale Fürsorge bleiben auf der Strecke. Dies führt dazu, dass Kinder sich gegen Regeln auflehnen. Sie fühlen sich vernachlässigt.

Aber was lässt sich hier anders machen? Eine einfache Antwort auf diese Frage gibt es leider nicht. Denn viele der Probleme sind in unserer Gesellschaft systematisch verankert. Ein Ausweg liegt darin, sich mehr Freiraum zu schaffen, indem man auf seine eigenen Instinkte vertraut. Montags Krabbelgruppe, dienstags Babyschwimmen und mittwochs der Nähkurs für neue Mamas? Auch wenn im Bekanntenkreis jeder davon überzeugt ist, dass diese Veranstaltungen für Sie und Ihr Baby absolut hilfreich und nahezu notwendig sind, ist es keine Schande, sie einfach zu ignorieren. Gestalten Sie einen Alltag, der in allen Bereichen auf Sie und Ihre Familie abgestimmt ist. Es geht nicht darum, in einem imaginären Wettbewerb Punkte zu sammeln, um dann vor anderen gut dazustehen.

Wenn Kinder unter Burn-out leiden

Vor einigen Jahren wurde von der Universität Bielefeld eine Studie zum Thema „Burn-out im Kinderzimmer: Wie gestresst sind Kinder und Jugendliche in Deutschland?" durchgeführt. Diese Studie gibt an, dass rund ein Sechstel aller Kinder und ein Fünftel aller Jugendlichen in Deutschland an Stress leiden. Die Gründe sind vielfältig. Neben familiären Problemen, wie etwa einer Scheidung oder einer schweren Krankheit in der Familie, wird vor allem der hohe Leistungsdruck als Grund genannt. In gravierenden Fällen kann dieser Stress zu klassischen Burn-out-Symptomen führen:

- Schlaflosigkeit
- Appetitlosigkeit
- Schmerzen
- Gefühlsschwankungen

Die Studie konzentrierte sich dabei nicht nur auf die Kinder. Sie richtete ihren Blick auch auf die Eltern und stellte fest, dass diese es häufig nicht wahrnehmen, wenn ihre Kinder überlastet sind. 40 % der Eltern sind sogar der Meinung, dass ihre Kinder nicht ausreichend gefördert und gefordert werden.

Gestresste und unglückliche Kinder vermissen es vor allem, Dinge zu tun, die ihnen Spaß bereiten. Der Alltag fühlt sich für viele fremdbestimmt an. Sie kommen aus dem Kindergarten oder der Schule und haben sofort weitere Verpflichtungen. Sie gehen zum Schwimmen, zum Reiten oder in den Musikunterricht. Es bleibt keine Zeit, sich individuell zu entfalten. Daher sind die außerschulischen Aktivitäten nicht selten ein Punkt, der hohes Streitpotenzial bietet. Die Kinder weigern sich, Gitarre zu üben, oder haben schlechte Laune, wenn es zur Spielgruppe geht. Dieses Verhalten etabliert sich bereits bei jungen Kindern. Fühlen sich Kinder gestresst, haben sie ein vergleichsweise hohes Aggressionspotenzial. Sie sind häufiger wütend als ausgeglichene Kinder. Darüber hinaus fühlen sich gestresste Kinder öfter gelangweilt. Ihnen fehlt die Fähigkeit, Probleme zu lösen, und sie haben ein geringes Selbstbewusstsein.

Den Alltag spielend meistern

Eine US-amerikanische Studie befasste sich damit, herauszufinden, wie viel Freizeit unsere Kinder heute haben. Als Freizeit wurden dabei ausschließlich die Phasen gewertet, in denen die Kinder keinerlei Verpflichtungen haben – ob selbstgewählt oder nicht, spielt dafür keine Rolle. Die Studie kam zu dem Ergebnis, dass Kinder in den USA im Vergleich zu den 1980er-Jahren in der Woche etwa zwölf Stunden weniger Freizeit haben. Das kindliche Spielen bleibt schon bei Kindern ab dem Alter von zwei Jahren auf der Strecke. Dabei hilft aktives Spielen dabei, die Ausbildung und Entwicklung des Gehirns zu optimieren.

Eine weitere Alarmglocke läutet beim Phänomen der sogenannten Gebäudekinder. Im Schnitt verbringen wir alle bis zu unserem 18. Lebensjahr rund 70 Stunden in der Woche in einem Gebäude. Die klassischen Straßenkinder, die sich nach der Schule mit den Nachbarskindern zum Spielen getroffen haben, gibt es immer weniger. Diese Minderung der sozialen Interaktionen verhindert eine positive Entwicklung. Der Mangel an Tageslicht führt sogar dazu, dass Krankheitsbilder wie Kurzsichtigkeit unter Kindern weltweit auf dem Vormarsch sind.

Es gibt viele Gründe dafür, warum Kinder nicht mehr draußen spielen. Ein Mangel an Freizeit ist nur ein Aspekt. Eltern sind zunehmend vorsichtig und haben Bedenken, ihre Kinder allein draußen spielen zu lassen. Gleichzeitig nutzen Kinder häufiger alternative Unterhaltungsmöglichkeiten aus dem digitalen Bereich. Etablieren Sie eine Routine, die es Ihrem Kind erlaubt, Zeit im Freien zu verbringen. Konzentrieren Sie sich darauf, was Ihr Kind glücklich macht. Helfen Sie dabei, eine Beschäftigung zu finden, auf die sich Ihr Kind konzentrieren kann, anstatt für jeden Nachmittag einen anderen Termin anzusetzen.

Kapitel 9
Dem Druck von außen standhalten

Glückliche Eltern erziehen glückliche Kinder. Dies ist eine Aussage, die Ihnen in diesem Buch schon mehrfach begegnet ist. Nun möchte ich mich damit befassen, was das für Sie im Alltag bedeuten kann. Denn der Druck von außen ist groß. Wir werden konstant beobachtet und müssen uns für jede Handlung rechtfertigen. Damit sind es nicht nur unsere Kinder, die fortwährend Stress ausgesetzt sind. Auch Eltern stehen ständig unter Druck. Woher das kommt, hat unterschiedliche Gründe:

- Gesellschaftlicher Wandel
- Neue Erziehungsmodelle
- Finanzielle Erwartungen

Ein zentraler Punkt ist aber auch die oft überzogen hohe Erwartung an sich selbst. Um dem tatsächlichen Druck gerecht zu werden, neigen wir dazu, besser sein zu wollen. Dieser ständige Versuch, uns selbst etwas zu beweisen und den gesetzten Standards gerecht zu werden, ist eine hohe Belastung für Eltern.

Eine Forsa-Umfrage aus dem Jahr 2013 zeigt auf, dass Eltern eine klare Veränderung in der Erziehung wahrnehmen. 60 % der rund 1000 befragten Eltern gaben an, dass sie der Meinung sind, die Erwartungen an Eltern und Kinder seien heute höher als noch vor 30 Jahren. Gleichzeitig stellen Eltern höhere Anforderungen an sich selbst.

Rund drei Viertel aller Mütter sind laut Umfrage gelegentlich mit ihren eigenen Leistungen in der Mutterrolle unzufrieden. Knapp zwei Drittel der befragten Väter sind der Meinung, dass sie die Vaterrolle nicht voll ausfüllen.

In diesem Zusammenhang ist es interessant zu sehen, dass Kinder ihre Eltern nur sehr selten in diesem Licht betrachten. Gut 92 % der Kinder im Alter bis zu zwölf Jahren geben an, sich in ihrem Zuhause wohl und geborgen zu fühlen. Sie sind auch der Meinung, dass ihre Eltern alles tun, damit es ihnen gut geht.

Die Selbstzweifel der Eltern sind vor allem für Mütter belastend. Sie werden von der Gesellschaft als Mittelpunkt der Erziehung benannt. Sie tauschen sich häufiger mit anderen Eltern aus und neigen dazu, sich zu vergleichen.

Erkennen Sie sich in diesem Muster wieder? Dann können Sie sicher sein, damit nicht allein dazustehen. Frisch gebackene Eltern zweifeln ebenso an sich wie das Paar mit drei Kindern. Auch das Alter der Eltern ist kein entscheidender Faktor dafür, wie zufrieden man mit seinen elterlichen Leistungen ist.

Unser moderner Lebensstil bietet uns umfassende Auswahlmöglichkeiten in allen Bereichen. Das ist auch für die Erziehung relevant. Welche Sportgruppe ist die beste? Welches Babyschwimmen passt zu meinem Kind? Welche Mütze schützt am besten vor Wind und Wetter? Die stetig wachsende Anzahl von möglichen Optionen stellt Eltern häufig vor die Frage, ob sie die richtige Wahl getroffen haben. Somit spielt die große Menge der Wahlmöglichkeiten in die Unsicherheit der Eltern hinein.

Es geht nicht immer um scheinbar banale Entscheidungen wie die richtige Mütze oder den besten Schwimmkurs. Lebensentscheidende Momente wie die Wahl der richtigen Schulform belasten Eltern ebenfalls enorm. Der gesellschaftliche Druck, einem gewissen Leistungsstandard zu entsprechen, verunsichert alle Beteiligten. Nehmen Sie die Last von den eigenen Schultern und beziehen Sie Ihre Kinder bei gravierenden Entscheidungen mit ein. Vertrauen Sie darauf, dass Sie Ihr Kind gut auf solche Momente vorbereitet haben.

Nehmen Sie den Druck aus dem Elternsein

Die ausschlaggebenden Faktoren dafür, warum Eltern sich gestresst und unter Druck gesetzt fühlen, sind ganz verschieden. Auch mögliche Hilfestellungen werden von jedem anders benannt. Für viele wäre eine finanzielle Entlastung sicherlich ein guter Weg, um sich im Alltag unbeschwerter bewegen zu können. Aber auch mehr Freizeit oder weniger Gesellschaftsdruck könnten den Stress der Eltern mindern.

Natürlich ist es nicht gerade einfach, die gesellschaftlichen Normen zu ändern. Auch besteht nicht immer die Möglichkeit, seine finanzielle Situation zeitnah zu verbessern. Daher lohnt es sich, den Fokus auf die Dinge zu legen, die wir aktiv beeinflussen können. Mit den richtigen Strategien können wir uns davor schützen, im Alltag ständig angespannt zu sein.

Nicht vor dem Stress davonlaufen

Karriere, Beziehung, Kind und die persönlichen Vorlieben unter einen Hut zu bringen, ist nicht einfach. Schon gar nicht wenn man versucht, selbstgesteckten oder (leider viel zu oft) fremdbestimmten Idealen gerecht zu werden. Vielleicht kennen auch Sie diesen Moment, in dem Sie einfach den Kopf in den Sand stecken möchten. Oma steht unangekündigt vor der Tür, die Kinder streiten sich um die Fernbedienung und der Mann hat vergessen, das Abendessen zu kaufen – und das alles eine halbe Stunde, bevor Sie zum Kardio-Training aufbrechen wollen. Für viele Eltern ist dies eine ganz alltägliche Situation. Experten raten dazu, diese Art von Stress einfach auf sich zukommen zu lassen. Im Zeitalter von Pinterest-Checklisten und Co. neigen wir dazu, für alles eine vorgefertigte

Antwort haben zu wollen. Klappt es dann doch nicht wie geplant, führt dies zusätzlichen Stress herbei. Weniger ist hier also mehr. Wenn Sie die kleinen Umwege des Alltags einfach auf sich zukommen lassen, können Sie schnell darauf reagieren. Also schicken Sie einfach die Oma zum Streitschlichten ins Wohnzimmer, beauftragen Sie den Pizzaservice mit dem Abendessen und genießen Sie die Zeit beim wohlverdienten Kardio-Training.

Wer Stresssituationen bewusst aus dem Weg geht, ist anfälliger für ein Burn-out. Denn ständig den Alltag in eine bestimmte Richtung manövrieren zu wollen, ist anstrengender, als einfach auf den aufkommenden Stress zu reagieren.

Die Freizeit richtig nutzen

Berufstätige Eltern tragen eine besonders hohe Last. Daher mein Rat an Sie: Wenn Sie nach einem langen Arbeitstag nach Hause kommen, nehmen Sie bewusst Abstand von Ihrem Job. Verzichten Sie darauf, kurz Ihre E-Mails zu lesen oder noch schnell einen Anruf zu erledigen. Kinder nehmen es wahr, wenn Sie abwesend sind und andere Dinge im Kopf haben. Konzentrieren Sie sich darauf, mit Ihrer Familie zu kochen oder einen entspannten Abendspaziergang zu genießen. Das nimmt nicht nur den Druck aus dem Alltag – es hilft Ihnen auch dabei, die Beziehung zu Ihren Kindern zu festigen.

Das Leben soll Spaß machen

Sie gehen jeden Dienstag in die Krabbelgruppe. All Ihre Freundinnen sind auch in Krabbelgruppen gegangen. Ihre Mutter ist der Meinung, so eine Gruppe ist eine tolle Idee für Sie und Ihr Kind. Sogar Ihr Partner findet es gut, dass Sie mit dem Kind schon ein wenig Struktur in den Alltag bringen. Sie selber finden es leider furchtbar langweilig dort. Sie führen immer dieselben Gespräche und lassen die ständigen Prahlereien der anderen Eltern über die eigenen Kinder über sich ergehen. Nicht eines der anderen Elternteile liegt auf Ihrer Wellenlänge. Wozu also weiter Zeit mit den Besuchen dort verschwenden? Suchen Sie sich eine andere Gruppe oder eine neue Aktivität. Oder genießen Sie einfach die Zeit mit Ihrem Kind allein zu Hause im Garten. Lassen Sie Ihren Tagesablauf nicht durch die Meinung anderer bestimmen.

Sich gegen den gesellschaftlichen Tenor zu stellen, ist nicht leicht. Vielleicht verdient in Ihrem Haushalt die Frau mehr als der Mann und daher bleibt der Vater bei den Kindern zu Hause? Die Rechnung geht für Ihr Familienglück auf. Dennoch gibt es viele negative und wertende Kommentare. Bleiben Sie stark und lassen Sie sich nicht reinreden. Besprechen Sie immer alle Möglichkeiten, ob Sie generell als unkonventionell gelten oder nicht. Machen Sie nicht den Fehler, alternative Wege außer Acht zu lassen, obwohl diese Ihnen dienlich sein könnten.

Kurzum: Stellen Sie sicher, dass vom Job bis zur Freizeitgestaltung alle Aspekte darauf ausgelegt sind, für Sie und Ihre Familie zu funktionieren. Das Leben soll Ihnen Spaß machen. Denn Spaß ist erlaubt und sogar gewünscht. Fühlt sich jede Aufgabe wie eine aufgezwungene Last an, ist es kaum möglich, ein harmonisches Miteinander im Alltag zu genießen. Das gilt für Eltern und Kinder gleichermaßen.

Kapitel 10
Wenn das Unglück anhält – Kinder mit Depressionen

Es gibt einen gravierenden Unterschied zwischen Kindern, die sich in einer unglücklichen Phase befinden, und Kindern, die mit einer ernsthaften psychischen Erkrankung zu kämpfen haben. Die Existenz von Depressionen ist seit Jahrzehnten in der Fachwelt anerkannt. Dennoch befinden sich Experten auch heute noch in einer Art Neuland, wenn es um die Diagnose und Behandlung sowie das allgemeine Verständnis dieser Krankheit geht.

Die Gründe dafür sind weitreichend. Viele Jahre lang wurden nur geringe finanzielle Ressourcen für die Forschung zur Verfügung gestellt – im privaten wie staatlichen Bereich. Darüber hinaus ist die Behandlung geistiger Erkrankungen keine exakte Wissenschaft. Es gibt keine allgemeingültige Lösung für ein bestimmtes Problem. Zusätzlich werden psychische Erkrankungen bis heute global mit gesellschaftlicher Skepsis betrachtet.

Depressionen bei Kindern und Jugendlichen wurden lange Zeit nicht als ernstzunehmendes Problem angesehen. Fragen wie: „Was haben Kinder denn schon für Probleme, dass sie an Depressionen leiden?", waren sogar in Fachkreisen keine Seltenheit. Heute weiß man, dass auch sehr junge Menschen unter diesem Krankheitsbild leiden können. Experten gehen davon aus, dass rund ein Prozent der Kinder im Vorschulalter

Symptome einer Depression zeigt und etwa zwei Prozent der Grundschulkinder tatsächlich betroffen sind. In der Altersgruppe der 12- bis 17-Jährigen sind vermutlich bis zu 10 % der Jugendlichen von verschiedenen Formen der Krankheit betroffen. In seltenen Fällen leiden die Kinder neben der Depression auch an Begleiterkrankungen wie:

- ADHS
- Angststörungen
- Somatoforme Störungen

Bei einer somatoformen Störung leiden die Patienten unter körperlichen Beschwerden, die sich nicht auf eine physische Störung zurückführen lassen.

Wie Sie sehen, ist es keine Seltenheit, dass Kinder und auch Jugendliche mit Depressionen umgehen müssen. Für Laien ist es dabei schwer einzuschätzen, ob es sich in der Tat um eine Depression handelt oder lediglich eine emotionale Entwicklungsphase durchlaufen wird. Aus diesem Grund bleiben Depressionen nicht selten unentdeckt. In diesen Fällen erhalten die Betroffenen keine adäquate Behandlung, was die Symptome auf Dauer verstärkt.

Die Diagnose ist bei Kindern und Jugendlichen besonders schwierig. Denn vor allem während der Pubertät gehören einige der klassischen Symptome einer Depression zu den normalen Anzeichen adoleszenter Entwicklung. Auch bei sehr jungen Kindern ist nicht immer klar abzugrenzen, ob es sich um eine schwierige Phase der Entwicklung handelt oder ob man sich hier einem Krankheitsbild gegenübersieht.

An dieser Stelle möchte ich darauf hinweisen, dass Sie auf keinen Fall voreilige Schlüsse ziehen sollten. Nur weil Ihr Kind sich für einige Zeit zurückzieht oder starke Stimmungsschwankungen hat, ist nicht automatisch eine Depression der Auslöser. Vermeiden Sie es, überstürzt einen Fachmann einzubeziehen. Es besteht die Gefahr, dass der Fokus auf ein bestimmtes Krankheitsbild die Wahrnehmung der Realität verwischt. Wenn Sie sich also darauf konzentrieren, Anzeichen für depressives Verhalten zu suchen, werden Sie gewiss fündig werden.

Eine Depression bei Kindern und Jugendlichen zeigt sich in der Regel mit unterschwelligen Symptomen. Diese unterscheiden sich von klassischen Verhaltensauffälligkeiten. Wir sind in der Gesellschaft darauf geschult, nach Mustern wie Aggressivität oder Unkonzentriertheit zu suchen, um eine Abweichung von der „Norm" zu erkennen. Fast immer handelt es sich hier aber nicht um Anzeichen einer psychischen Erkrankung. Die Kinder versuchen, ihren Platz in der Welt zu finden und gehen dabei nicht immer den Weg, der von der Gesellschaft erwünscht ist. In einem solchen Fall sind ein umfangreicher Familienzusammenhalt und viel Geduld von Eltern, Lehrern und anderen Bezugspersonen die wichtigsten Hilfestellungen.

Anzeichen für Depressionen bei Kindern

Forschungen haben in den vergangenen Jahrzehnten für jede Altersklasse bestimmte Anzeichen für eine mögliche Depression herausgefiltert.

Die nachfolgenden Listen sind kein umfangreiches Diagnosewerkzeug. Sie dienen lediglich der Orientierung. Es ist hilfreich, eine Idee davon zu haben, wie sich eine Depression bei Kindern ausdrücken kann. Wenn Sie den Verdacht haben, dass Ihr Kind an einer Depression leidet, holen Sie sich professionelle Unterstützung. Wenn Sie nicht bereit sind, einen Facharzt zu konsultieren, wenden Sie sich an die gebotenen Hilfezentren. Ein Erstgespräch könnte mit Sozialarbeitern in der Schule stattfinden. Darüber hinaus gibt es in vielen Städten Anlaufstellen wie Familienbüros. Dort erhalten Sie ausreichend Informationen, und geschultes Personal kann mit Ihnen und Ihrem Kind arbeiten.

Mögliche Symptome bei Kindern im Kleinkindalter (1-3 Jahre):

- Häufiges Weinen
- Wenig Ausdruck und Mimik im Gesicht
- Leichte Reizbarkeit
- Alleine bleiben fällt schwer
- Schaukeln des Körpers, am Daumen lutschen – selbststimulierendes Verhalten
- Teilnahmslosigkeit
- Gestörtes Essverhalten
- Schlafstörungen
- Keine Lust zu spielen / auffälliges Verhalten beim Spielen

Vereinzelt treten diese Verhaltensweisen bei jedem Kind auf. Ein Kind, das exzessiv am Daumen lutscht und sehr anhänglich ist, ist nicht automatisch depressiv. Treten viele der genannten Punkte sehr häufig oder gar immer auf, sind sie hingegen ein Anzeichen für ein psychisches Problem.

Mögliche Symptome bei Kindern im Vorschulalter (3-6 Jahre):

- Häufige Traurigkeit
- Verminderte Gestik und Mimik
- Häufige Ängstlichkeit
- Leicht zu beunruhigen
- Stimmungslabil
- fehlender Ausdruck von Freude
- Teilnahmslosigkeit und Antriebslosigkeit
- Introvertiertes Verhalten
- Kein Interesse an Bewegung und Spiel
- Ess -und Schlafstörungen
- Unruhe
- Aggression

Es ist relevant, die einzelnen Probleme korrekt zu deuten. So gibt es in diesem Alter viele Kinder, die schwierige Essphasen durchleben. Sie weigern sich zu essen oder wollen nur ganz bestimmtes Essen zu sich nehmen. Das übersetzt sich nicht direkt in eine Essstörung. Insbesondere dann, wenn es sich um ein temporäres Verhalten handelt, müssen Sie sich keine übermäßigen Sorgen machen.

Mögliche Symptome bei Schulkindern (6-12 Jahre):

- Häufige Traurigkeit – vom Kind auch selbst so kommuniziert
- Konzentrationsschwierigkeiten
- Gedächtnisstörungen
- Schlechte schulische Leistungen
- Angst – auch spezifische Zukunftsängste
- Überzogene Selbstkritik
- Schuldgefühle
- Psychomotorische Auffälligkeiten (langsame Bewegungen, gebeugte Haltung)
- Appetitlosigkeit
- Schlafstörungen
- Suizidgedanken

Je älter das Kind ist, umso klarer kristallisieren sich die möglichen Symptome heraus. Führen Sie offene Gespräche mit Ihrem Kind. Erwarten Sie jedoch keine eindeutigen Antworten. Es geht hier vor allem darum, dem Kind zu signalisieren, dass Sie Hilfe anbieten. Sie verstehen, dass etwas nicht stimmt, und das ist absolut in Ordnung.

Tipp: Oft beschleicht uns das Gefühl, dass etwas vielleicht nicht stimmt – wir sind aber nicht in der Lage, es genau zu fassen. Wir versuchen dann, uns daran zu erinnern, wie lange das Kind schon nicht richtig isst oder seit wann es kein Interesse am Spielen hat. Ein Verhaltenstagebuch ist in diesen

Momenten hilfreich. Wenn Ihnen etwas auffällig vorkommt, beginnen Sie damit, dies täglich aufzuschreiben. Das Essverhalten ist dafür ein gutes Beispiel. So können Sie auf einen Blick sehen, ob es wirklich Probleme mit dem Essverhalten gibt. Oft stellt sich heraus, dass die Wahrnehmung subjektiv ist. Wir machen uns Sorgen und gehen automatisch davon aus, dass es schlimmer ist, als es wirklich ist. Das ist eine Art Schutzmechanismus – wenn wir uns auf den schlimmsten Fall vorbereiten, sind wir im Ernstfall besser gewappnet. Das Verhaltenstagebuch ist daher eine gute Idee, um mögliche Probleme kurzzeitig richtig einordnen zu können.

Eine endgültige Diagnose sollte immer von einem Facharzt oder einem Psychotherapeuten gestellt werden. Eine umfassende Diagnostik bezieht die Besonderheiten der Altersgruppe ein. Darüber hinaus sind auch relevante Bezugspersonen für eine komplette Diagnose wichtig. Eltern, ältere Geschwister, Lehrer oder enge Freunde der Familie können dabei helfen, das mögliche Krankheitsbild zu benennen.

Wie werden Depressionen bei Kindern behandelt?

Die Behandlung von Depressionen wird immer auf den konkreten Fall zugeschnitten. In der Regel handelt es sich um eine ambulante Behandlung. Im Laufe der Behandlung können diverse Methoden zum Einsatz kommen.

Sowohl das Kind als auch die Eltern werden umfangreich über die Krankheit aufgeklärt. Denn für die meisten sind Depressionen ein nicht greifbares Krankheitsbild. Es wird also geklärt: Was bedeutet die Diagnose? Welche körperlichen Vorgänge sind hier relevant? Gibt es bestimmte Auslöser? Die wichtigsten Fragen werden gemeinsam mit dem behandelnden Arzt erarbeitet. Die Aufklärung für das Kind erfolgt dabei altersgerecht.

Eine Psychotherapie hilft dabei, die Krankheit besser zu verstehen und mögliche Auswege zu finden. Die Therapie wendet sich nicht nur an das Kind, sondern auch an Familienmitglieder und andere Bezugspersonen. So lässt sich ein Hilfsnetzwerk aufbauen, das dem Kind eine wichtige Stütze im Alltag ist. Wenn nötig, kann eine Systemische Familientherapie angesetzt werden. Darüber hinaus ist es möglich, mit Medikamenten zu unterstützen. Allerdings sind Ärzte bei Kindern und Jugendlichen sehr vorsichtig mit der Medikation. Einige Medikamente zeigen Nebeneffekte, die während der Entwicklungsphase hinderlich sind.

Suizidgefahr unter Kindern und Jugendlichen

Es passiert sehr selten, dass sich Kinder das Leben nehmen. Dennoch gilt Suizid im Jugendalter als eine der häufigsten Todesursachen. Suizid steht dabei häufig im direkten Zusammenhang mit Depressionen. Leidet ein Jugendlicher an Depressionen, steigt das Risiko für einen Suizidversuch oder vollendeten Suizid rapide an.

Mädchen werden häufiger durch Suizidversuche auffällig. Jungen nehmen sich dreimal häufiger selber das Leben als Mädchen. Suizidales Verhalten ist aber nicht nur durch Depressionen zu erklären. Es gibt eine Reihe von anderen Faktoren, die hier hineinspielen können:

- Suizid im direkten Umfeld
- Traumatische Ereignisse
- Belastende Alltagssituationen (Mobbing, Krankheitsfall in der Familie)

Kommt das Thema Suizid in Ihrer Familie auf, darf es auf keinen Fall einfach ignoriert werden. Sprechen Sie auch junge Kinder darauf an, wenn diese in Kontakt mit dem Thema gekommen sind oder von sich aus darüber gesprochen haben. Nehmen Sie Suizidversuche auf jeden Fall ernst. Tun Sie diese nicht einfach als Schrei nach Aufmerksamkeit ab. Im Idealfall nutzen Sie professionelle Hilfe in Form von Ärzten und Therapeuten.

Rund 10.000 Menschen pro Jahr begehen allein in Deutschland Suizid. Das sind in etwa 25 Personen am Tag. Etwa 76 % der Fälle sind Männer, die somit einem höheren Risiko für Suizid unterliegen. Die Personen sind im Schnitt 57 Jahre alt, die Tendenz ist steigend. Die Suizidrate in Deutschland ist in den vergangenen Jahrzehnten deutlich zurückgegangen. In den 1980er-Jahren nahmen sich rund 50 Personen pro Tag das Leben. Die Gründe für den drastischen Rückgang sind unter anderem in den verbesserten Lebensstandards zu finden. Aber auch die gesellschaftliche Anerkennung von psychischen Erkrankungen ist gestiegen. Darüber hinaus sind wir in der Lage, bessere Hilfestellungen für Personen mit psychischen Problemen zu geben.

Gleichzeitig ist das Thema Suizid auch in unserer modernen Gesellschaft noch mit einem hohen Stigma belegt. Das gilt ebenfalls für das Krankheitsbild Depression.

Die richtige Hilfe erhalten – nicht dem Stigma erliegen!

„Dein Kind geht zum Psychiater? Was ist denn mit dem nicht richtig?" Es ist keine Seltenheit, dass psychischen Erkrankungen mit Skepsis begegnet wird. Die Aufklärung zum Thema wird zwar stetig besser, ist aber noch immer nicht ausreichend. Da psychische Erkrankungen nicht sichtbar sind, sind sie für viele nicht greifbar. Lapidar fallen Sätze wie: „Einfach mal die Einstellung ändern, dann wird das schon wieder!"

Wenn Sie als Elternteil vermuten, dass Ihr Kind mit Depressionen oder auch einer anderen psychischen Erkrankung zu kämpfen hat, müssen Sie sich leider dieser Realität stellen. Es ist sogar möglich, dass Sie aus dem direkten familiären Umfeld

Gegenwind bekommen, wenn das Thema angesprochen wird. Vielleicht ist es Ihr Partner, der in einer solchen Erkrankung einen Defekt sieht. Oder die Großeltern lehnen die Idee kategorisch ab, dass ein Kind bereits unter entsprechenden Symptomen leiden kann. Vielleicht fällt es Ihnen selbst schwer, sich mit dem Gedanken vertraut zu machen, dass Ihr Kind an einer psychischen Erkrankung leidet.

Es kann aber auch sein, dass Sie innerhalb der Familie und sogar im Freundeskreis ausreichend Unterstützung finden und dennoch befürchten, dass die Gesellschaft Ihr Kind mit einem bleibenden Stigma versieht. Könnte es dazu führen, dass Lehrer Ihr Kind anders behandeln? Was, wenn die anderen Kinder und deren Eltern von der Behandlung hören? Wie soll ein kleines Kind damit umgehen, für seine Krankheit eventuell verurteilt zu werden?

Sie können die Gesellschaft nicht ändern, auch wird es schwerfallen, die Meinung von Personen im direkten Umfeld zu ändern. Aber Sie haben volle Kontrolle darüber, wie Sie selber mit der Situation umgehen. Diese Tatsache ist für viele nicht selbstverständlich. Denn was soll eine Person schon bewirken? In dieser Frage finden Sie bereits die erste Antwort: Sie müssen nichts bewirken! Es geht nicht darum, anderen begreiflich zu machen, wie die Depression Ihres Kindes funktioniert oder wie Sie und Ihre Familie dadurch beeinflusst werden. Es geht darum, für Ihr Kind die bestmögliche Stütze zu sein. In welcher Form das in Ihrer Familie geschieht, ist ganz individuell. Einzeltherapie, Familientherapie, der Besuch beim Facharzt oder die enge Zusammenarbeit mit einem Sozialarbeiter – Sie haben viele Möglichkeiten.

Ihnen werden auf dieser Reise auch immer wieder Personen beggenen, die Ihnen die Schuld für die Erkrankung Ihres Kindes geben wollen. „Sowas kommt raus, wenn die Eltern nie zu Hause sind und nur arbeiten!" „Ich habe genau gesehen, wie sie ihr Kind angeschrien hat – da kann man ja nur depressiv werden!" Akzeptieren Sie unbedingt, dass Depressionen ein anerkanntes Krankheitsbild sind. Wird bei einem Kind Krebs diagnostiziert, gibt auch niemand den Eltern die Schuld. Selbstreflexion mag durchaus wichtig sein, sprechen Sie sich aber frei von selbstauferlegten Schuldgefühlen:

„Hätte ich die Anzeichen früher sehen müssen?"

„Was hätte ich anders machen können?"

„Warum habe ich nicht mehr Zeit mit meinem Kind verbracht?"

Ist die Last zu groß, suchen Sie selbst nach professioneller Hilfe. Es ist keine Schande, sich in Behandlung zu begeben, um die geistige Gesundheit sicherzustellen. Es gibt in den meisten Städten Selbsthilfegruppen für betroffene Eltern. Hier können Sie sich mit anderen Eltern austauschen. Das hilft dabei, zu verstehen, dass Sie nicht alleine sind. Außerdem ist es ein sicherer Ort, um über die eigenen Erlebnisse zu sprechen. Alle Anwesenden verstehen, wie es ist, mit einem depressiven Kind zu leben.

Die Diagnose Depression ist nicht endgültig! Die moderne Medizin ist in der Lage, Patienten erfolgreich zu behandeln. Einige Kinder und Jugendliche sprechen dabei sehr schnell auf eine Behandlung an, andere brauchen länger, um den Weg aus der Depression zu finden. Erwarten Sie keine schnelle Lösung. Sehen Sie aber positiv in die Zukunft. Ist Ihr Kind in professioneller Behandlung, ist der erste Schritt getan, um aus der Negativspirale herauszufinden und langfristig wieder ein glückliches Leben führen zu können.

Kapitel 11
Die Rolle der Eltern als glückliche Vorbilder

Unabhängig davon, welches pädagogische Modell man betrachtet, in einem Punkt sind sich alle einig: Die Ausbildung des kindlichen Charakters wird maßgeblich durch die Erziehungspersonen geprägt. Kinder orientieren sich in den ersten Jahren ihres Lebens nahezu ausnahmslos an den engsten Bezugspersonen. Wer auch immer die Elternrolle in einer Familie übernimmt: Gewohnheiten, Werte und Verhaltensweisen werden direkt von diesen Personen abgeschaut.

Somit nehmen Eltern immer eine wichtige Vorbildfunktion ein. Sobald die Kinder in der Lage sind, bewusst Entscheidungen zu treffen, beginnen sie damit, das gesehene Verhalten nachzuahmen. Dies prägt die eigene Gefühlswelt der Kinder, das Werteverständnis und natürlich das alltägliche Handeln. Innerhalb dieser Vorbildfunktion haben Eltern also die Möglichkeit, gezielt Werte, Ideen und Handlungsmuster weiterzugeben. Diese bedürfen keiner langen Erklärungen und müssen nicht über umfangreiche Erziehungsansätze vermittelt werden.

Die ersten sieben Lebensjahre eines Menschen legen den Grundstein für seine gesamte Entwicklung. Kinder lernen in dieser Zeit alle wichtigen Grundkenntnisse – motorische und mentale Fähigkeiten entwickeln sich mit rasender Geschwindigkeit. Laufen, Sprechen und das Verarbeiten von Emotionen stehen ganz oben auf der Liste. Der einfachste Weg für Kinder, diese neuen Fähigkeiten zu erlernen, ist die Nachahmung.

Auch über diese frühe Phase der Entwicklung hinaus nutzen Kinder das Konzept der Nachahmung.

Es geht dabei nicht nur darum, zu erlernen, wie Dinge motorisch ablaufen. Auch Ideen und Werte werden so übermittelt. Wie gehen die Eltern mit Tieren um? Was passiert, wenn es zu einem Streit kommt? Welche Themen sind den Eltern wichtig? Sieht ein Kind, dass seine Eltern sich gegenseitig mit Respekt behandeln und auch anderen gegenüber immer respektvoll sind, wird sich dieses Verhalten im Kind etablieren. Ist es an der Tagesordnung, dass zu Hause die Meinung des Partners hinterfragt wird, und besteht kein Vertrauen, wird sich das Kind auch dieses Verhalten angewöhnen.

Auch in Sachen Glücklichsein sind die Handlungen der Eltern daher ausschlaggebend. Möchten Sie in Ihrem Kind bestimmte Wertevorstellungen etablieren, die helfen, das eigene Glück zu finden, ist es der einfachste Weg, diese vorzuleben. Sie möchten Ihrem Kind begreiflich machen, dass es gut tut, Körper und Seele im Einklang zu haben? Dieses Konzept einem Fünfjährigen zu vermitteln, dürfte schwer sein. Ihm vorzuleben, sich gesund zu ernähren, zu meditieren und bewusste Ruhepausen zu nutzen, ist dagegen gar nicht schwer. Ihr Kind wird die Handlungen nicht hinterfragen, sondern ausprobieren – dann hat es die Chance, für sich zu entscheiden, was es davon nutzen möchte und was nicht.

Die Gefühlsentwicklung positiv beeinflussen

Wenn es um das Glücklichsein geht, spielen die eigenen Gefühle eine zentrale Rolle. Und auch Gefühle müssen erlernt werden. Kleine Kinder können mit aufkommenden Gefühlen besser umgehen, wenn sie benannt werden:

„Ich weiß, du bist traurig, weil wir heute nicht in den Zoo fahren."

„Ich kann sehen, dass du wütend bist, weil Tina deine Puppe kaputt gemacht hat."

„Wenn das Licht aus ist, hast du Angst vor der Dunkelheit."

Werden die Gefühle durch die Eltern benannt, ist es für Kinder leichter, diese einzuordnen. Für die Vorbildfunktion ist es aber vor allem wichtig, wie wir mit unseren Gefühlen umgehen. Das ist ein Bereich, der vielen Erwachsenen schwerfällt. Wenn wir uns aktiv damit auseinandersetzen, wie wir in bestimmten Situationen reagieren, sehen wir uns leider oft unseren Fehlern gegenüber. Denn niemand ist perfekt. Die Art und Weise, mit der wir mit Gefühlen umgehen, ist ein guter Indikator für die eigenen Dämonen.

So ist es keine Seltenheit, dass Eltern laut werden, wenn die Kinder Unsinn anstellen oder nicht auf sie hören. Andere Eltern ziehen sich zurück und geben einfach auf. Wieder andere müssen schnell mit Tränen kämpfen. Wenn Sie dazu neigen, in einer Diskussion schnell laut zu werden, stehen die Chancen gut, dass Ihr Kind es Ihnen gleichtut. Legt Ihr Kind daher ein bestimmtes Verhalten an den Tag, das Ihnen nicht zusagt, hat es dies wahrscheinlich von Ihnen oder Ihrem Partner gelernt.

Die Erziehung durch zwei Elternteile bringt natürlich eine weitere Dimension in den Alltag. Vielleicht sind Sie die Person, die in stressigen Situationen einen kühlen Kopf behält, Ihr Partner ist aber schnell gereizt und überfordert. Wird drastisch verschiedenes Verhalten an den Tag gelegt, können Sie nur schwer beeinflussen, für welchen Weg sich Ihr Kind entscheidet. Daher ist es wichtig, dass beide Elternteile zusammenarbeiten. Versuchen Sie, einen Mittelweg zu finden. Setzen Sie sich zusammen und benennen Sie mögliche Probleme. Dabei geht es nicht darum, den Partner zu konfrontieren! Benennen Sie beiderseits, welches Verhalten Sie an sich selbst ändern möchten und entwickeln Sie Ideen, wie Sie sich gegenseitig dabei unterstützen können.

Werte vermitteln

Kinder können die Gedanken, Ideen und Werte aus dem Elternhaus nicht mit anderen vergleichen. Die vermittelten Werte werden daher ungefiltert und kritiklos übernommen. Ein erster Vergleich zu anderen Kindern und Familien findet etwa im Alter von sechs Jahren statt. Zu diesem Zeitpunkt stellen Kinder fest, dass der Alltag nicht überall identisch abläuft. Sie lernen auch, dass nicht jeder die gleiche Meinung vertritt. Eine tatsächliche Selbstreflexion findet erst etwas später statt. Im Rahmen dieser Reflexion stellen Kinder die erlernten Werte in Frage oder leben sie weiterhin aus. Es ist also ausschlaggebend, wie Sie sich Ihren Kindern gegenüber verhalten und äußern. Erlernt ein Kind schon früh im Leben, sein Umfeld immer negativ zu betrachten, wird es ihm schwerfallen, dieses Verhalten später abzulegen.

„Die Nachbarn haben sich einen neuen Hund gekauft. Der macht bestimmt viel Arbeit und pinkelt überall in die Wohnung." Einer eigentlich wertneutralen Feststellung folgt sofort eine negative Aussage. Eine Angewohnheit, die sich Kinder abschauen. Für Sie mag ein solcher Satz keine echte Problematik darstellen. Bei Kindern lenkt es aber den Blick auf das Negative. Für einen glücklichen Alltag ist dies sicherlich nicht förderlich. Positive Sichtweisen helfen dabei, sich auf das Gute zu konzentrieren. Somit wäre dies eine geeignetere Formulierung: „Die Nachbarn haben sich einen Hund gekauft. Nun werden sie viel Zeit an der frischen Luft verbringen."

Nicht nur die Art, wie man etwas betrachtet, ist für die Wertevermittlung relevant. Auch die Werte selber stehen im Mittelpunkt. Im Folgenden nenne ich gesellschaftlich relevante Punkte, die unser Wertesystem grundlegend ausbilden. Sie können diese nutzen, um zum Beispiel mit Ihrem Partner zu besprechen, welche Inhalte Sie an Ihr Kind vermitteln möchten. Überdenken Sie auch, in welcher Weise nahestehende Personen diese Themen behandeln. Gibt es vielleicht jemanden, der in einigen Dingen eine komplett andere Meinung vertritt und dies auch Ihrem Kind gegenüber? Suchen Sie, wenn notwendig, auch hier das Gespräch. Vor allem dann, wenn Sie befürchten, die vertretenen Werte könnten sich negativ auf Ihr Kind auswirken.

Welche Werte möchten wir Eltern unserem Kind vermitteln? Fragen zur Selbstreflexion:

- Wie stehe ich zum Umgang mit Tieren und der Umwelt? Vermittle ich einen sorgsamen Umgang mit Ressourcen wie Wasser oder Strom? Wird bei uns der Müll getrennt oder beim Einkaufen auf die Verpackungsart geachtet?
- Wie gehen wir im Haushalt mit dem Thema Minderheiten um? Wie sprechen wir über Personen mit Behinderung oder Migrationshintergrund?
- Welchen Stellenwert nimmt Religion in unserem Alltag ein? Welche Aussagen treffen wir über Angehörige „fremder" Religionen?
- Vermitteln wir eine optimistische Grundeinstellung?
- Schauen wir optimistisch in die Zukunft?
- Welches Gerechtigkeitsempfinden haben wir?
- Gehen wir rücksichtsvoll und respektvoll mit anderen um?

Erweitern Sie diese Liste bei Bedarf. So können Sie einen individuellen Wertekompass für Ihre Familie kreieren.

Auch Jugendliche brauchen ein elterliches Vorbild

Wie glücklich oder unglücklich Ihr Kind ist, lässt sich also vor allem in den ersten Lebensjahren maßgeblich durch Ihre eigene Vorbildfunktion beeinflussen. Aber auch im späteren Leben brauchen Menschen starke Vorbilder.

Jugendliche scheinen sich während der Pubertät stark von den Eltern abzuwenden. Aber dies vermindert nicht den Einfluss, den die elterlichen Handlungen auf sie haben. In dieser Zeit des Heranwachsens werden die Jugendlichen mit neuen Aufgaben und Herausforderungen konfrontiert. Diese alleine zu bewältigen, ist nicht einfach. Der Blick zu den Eltern ist auch hier weiterhin hilfreich. Ist ein stabiles Wertesystem geschaffen, ist es leichter, die besten Entscheidungen zu treffen. Aber vor allem bei klassischen Erwachsenenthemen, wie etwa Finanzen, brauchen die jungen Erwachsenen aktive Vorbilder.

Da sich im Laufe des Lebens immer wieder neue Herausforderungen auftun, schauen auch erwachsene Kinder auf ihre Eltern und fragen nach Rat. Haben Sie während der Kindheit Ihres Kindes Ihre Rolle als Vorbild bewusst wahrgenommen, können Sie Ihr Kind als Fels in der Brandung ein Leben lang auf seiner Reise begleiten.

Bonuskapitel: Warum Erwachsene unglücklich sind und was dagegen hilft

Um ein positives Vorbild zu sein, muss man zuerst das eigene Glück finden. Was ist aber, wenn man nicht glücklich ist? Warum fühlt man sich auch als Erwachsener manchmal vom Glück verlassen? Im Folgenden geht es nicht um Personen mit Depressionen, sondern um das ganz alltägliche Unglück, das jeden von uns einholen kann.

Sind Sie irgendwie unzufrieden mit dem Ist-Zustand? Fällt es Ihnen schwer, zu benennen, wo genau das Problem liegt – aber Ihnen ist klar, es muss sich etwas ändern? Mit diesem Gefühl sind Sie nicht alleine. Viele Menschen tragen eine innere Unzufriedenheit mit sich herum. Man könnte sagen, sie sind unglücklich.

Oft ist das Unglück auf konkrete Probleme zurückzuführen. Es gibt Ärger in der Beziehung, die finanzielle Situation ist belastend oder der Job macht einfach keinen Spaß. Sind diese Probleme bekannt, kann man aktiv daran arbeiten. Häufiger ist es jedoch der Fall, dass es eigentlich nichts zu beanstanden gibt, und dennoch das Gefühl ausbleibt, glücklich zu sein.

Ein tiefgehender Grund dafür kann sein, dass man in der Kindheit nicht gelernt hat, sein eigenes Glück zu definieren. Ist in jungen Jahren vermittelt worden, dass Materielles der Schlüssel zum Glück ist, kann das Streben nach Mehr unglücklich machen. Vielleicht wurde auch das Selbstvertrauen während der frühen Lebensjahre nicht gestärkt. Man fühlt sich ständig schlechter als andere und hinterfragt jeden Schritt – ein sicherer Weg ins Unglück. Natürlich können auch drastische Ereignisse das innere Gleichgewicht stören. Aber auch in diesem Fall ist der Auslöser häufig bekannt und kann zum Beispiel mithilfe einer Therapie aufgearbeitet werden.

Wenn Sie aber weder unglücklich verheiratet sind noch die Last eines traumatischen Ereignisses mit sich tragen, könnte Ihr Unglück in ganz alltäglichen Dingen versteckt sein. Wenn Sie auf der Suche nach einem positiveren Lebensstil sind, möchte ich Sie dazu einladen, ein paar Dinge aus Ihrem Alltag zu hinterfragen. Ein neuer Blickwinkel auf den Ist-Zustand kann manchmal wahre Wunder bewirken.

Soll das wirklich so sein?

Aufstehen, arbeiten, im Fitnessstudio schwitzen und am Abend mit den Kindern die Hausaufgaben besprechen. Routine ist in jedem Haushalt zu finden. Und gerade für Familien ist eine gewisse Grundstruktur wichtig. Aber was ist, wenn Sie schon fast vergessen haben, warum Ihr Tag so durchgeplant ist? Warum gehen Sie jeden Mittwoch zum Einkaufen? Warum gibt es ständig die gleichen Gerichte? Und warum ist es so wichtig, sonntagmorgens einen Spaziergang zu machen? Nehmen Sie sich die Zeit, Ihren Tagesablauf von Zeit zu Zeit umzustrukturieren. Dann verlieren Sie das Gefühl, einfach nur zu funktionieren. Seien Sie spontan. Das wird Ihnen und Ihrer Familie neue Energie geben.

In diesem Zusammenhang haben Wissenschaftler eine interessante Entdeckung gemacht. Wird das Gehirn regelmäßig vor neue Aufgaben gestellt, empfinden wir diese Phasen rückblickend als länger. Wir sind außerdem in der Lage, uns besser an einzelne Ereignisse zu erinnern. Wird einfach nur die tägliche Routine abgearbeitet, fasst unser Gehirn diese Phasen sozusagen zusammen und die Tage fliegen nur so dahin. Das ist auch der Grund dafür, dass die Kindheit rückblickend mehr Zeit in Anspruch genommen hat als das Erwachsenenalter. Aufgrund der stetig wechselnden Routine und den täglich neu erlernten Dingen, hat das Gehirn mehr Zeitabschnitte, auf die es separat zurückgreifen kann.

Was hat sie, was ich nicht habe?

In Zeiten von Instagram und Co. ist es ein Kinderspiel, einen Einblick in das Leben der anderen zu haben. Wir verbringen heute viel Zeit damit, uns anzuschauen, was andere vermeintlich besser oder schlechter machen – wir vergleichen uns. Ein genereller Vergleich ist dabei nicht schlecht. Es hilft vor allem in Krisensituationen, das Ausmaß korrekt einzuschätzen. Für das alltägliche Leben sind solche Vergleiche jedoch pures Gift. Nicht nur die idealisierten Lebensweisen der Menschen auf sozialen Plattformen können dabei für Selbstzweifel sorgen. Oft reicht schon der Blick über den Gartenzaun. Das größere Auto, der bessere Job oder die bessere Figur – wir möchten Dinge, die wir an anderen beneiden.

Halten Sie sich vor Augen, dass der Nachbar wahrscheinlich ebenfalls über den Gartenzaun blickt und Neidpunkte findet. Es geht nicht darum, das perfekte Leben zu haben. Es sollte im Mittelpunkt stehen, mit dem zufrieden zu sein, was Sie haben, anzuerkennen, was Sie bereits geleistet haben. Mit dem Ist-Zustand zufrieden zu sein, bedeutet dabei nicht, keinen Drang zur Verbesserung oder Veränderung zu haben. Beides ist gleichzeitig möglich.

Die eigenen Wünsche kennen

Sie haben zwei Kinder und fühlen sich in der Elternzeit pudelwohl? Ihr Mann verdient ausreichend Geld, um die ganze Familie finanziell zu unterstützen. Nun ist der jüngste Sprössling fast zwei Jahre alt, und die Ersten fragen schon, wann Sie denn endlich wieder zu arbeiten beginnen. Denn immerhin macht man das als emanzipierte Frau doch jetzt so. Sie sprechen dann davon, wie aufwendig die Suche nach einem guten Kindergarten ist und wie gespannt Sie sind, wie der Alltag wohl so wird, wenn Sie wieder arbeiten gehen. Doch eigentlich möchten Sie gar nicht wieder arbeiten. Sie möchten jeden Moment mit Ihren Kleinen genießen. Warum sollten Sie also Pläne schmieden, die nichts mit Ihren Wünschen zu tun haben? Sie sind eine fünfköpfige Familie und verzichten bewusst auf ein Auto? Sie möchten kein zweites Kind? Sie finden Haustiere doof, auch wenn sie total gut für Kinder sind? Stehen Sie zu Ihren Wünschen, und treffen Sie Entscheidungen nicht basierend auf der Meinung anderer Menschen. Sie und Ihre Familie sind der Mittelpunkt für jede Lebensentscheidung.

Authentisch bleiben

Zu Hause sind Sie Papa und Ehemann? Im Job sind Sie der knallharte Verkaufsleiter? Unter den Freunden sind Sie als Spaßvogel bekannt? Ja, das kann gut sein. Wir nehmen in jedem Umfeld eine andere Rolle ein. Stellen Sie dabei aber sicher, dass Sie sich immer so authentisch wie möglich geben. Sind Sie eigentlich eine einfühlsame Person, die gern auf andere zugeht? Dann machen Sie sich dies im Job zunutze und versuchen Sie nicht, der Idee gerecht zu werden, hart durchgreifen zu müssen. Reflektieren Sie für sich selber: Was macht Sie als Person aus? Sind Sie witzig oder eher nachdenklich? Stehen Sie anderen gern mit Rat und Tat zur Seite, oder sind Sie ein stiller Beobachter? Erlauben Sie sich, zu sein, wer Sie wirklich sind. Das erleichtert es, den Alltag in allen Situationen zu genießen.

Runter von der Couch!

Im stressigen Alltag kommt das Thema Gesundheit oft zu kurz. Um sich rundum glücklich zu fühlen, ist nicht nur der richtige Gefühlszustand wichtig. Auch ein gesundes Körpergefühl ist dafür ausschlaggebend. Ein täglicher Spaziergang, sporadische Längen im Schwimmbad oder der wöchentliche Besuch im Fitnessstudio – es lässt sich für jeden Lebensstil etwas Passendes finden. Motivieren Sie am besten Ihre ganze Familie dazu, eine gemeinsame Unternehmung zu finden. Das tut Körper und Seele gut.

Schlusswort

Glück ist also eine Reise, die schon früh im Leben beginnt. Als Elternteil können Sie Ihren Kindern aktiv dabei helfen, glücklich zu sein. Sie dienen hierfür vom ersten Tag an als Vorbild. Darüber hinaus ist es möglich, Ihren Kindern Werkzeuge an die Hand zu geben, mit denen sie ihr eigenes Glück finden können.

Das Glück Ihrer Kinder darf aber nicht ausschließlich auf Ihren Schultern ruhen. Schaffen Sie ein System, in dem die Kleinen ihr Wohlbefinden nur über Sie und Ihre Hilfe erfahren, sind sie davon abhängig. Das hindert Kinder daran, sich frei zu entfalten und Eigenständigkeit zu erlernen.

Berücksichtigen Sie auch die Tatsache, dass jede Familie einen eigenen Rhythmus hat. Vergleichen Sie sich nicht mit anderen. Nehmen Sie sich auch nicht jeden Ratschlag zu Herzen. Was für die Familie Ihrer Schwester wunderbar funktioniert hat, ist für Sie vielleicht eine totale Katastrophe.

Als Elternteil werden Sie Rückschläge erfahren. Vielleicht gefällt Ihnen die eine oder andere Idee aus meinem Buch. Sie wenden sie voller Begeisterung im Alltag an – und der Rest der Familie stellt sich quer. In solchen Situationen gilt es, die Ruhe zu bewahren. Niemand ist perfekt. Finden Sie individuelle Lösungen für Ihre Familie. Erwarten Sie dabei nicht, immer wieder nach dem gleichen Schema zu verfahren, aber unterschiedliche Ergebnisse zu bekommen. Vertrauen Sie außerdem darauf, die richtigen Entscheidungen zu treffen. Auch dann, wenn einmal etwas schiefgeht. Wenn Sie sich stetig selbst infrage stellen, können Sie Ihre Vorbildfunktion in der Familie nicht einnehmen.

An dieser Stelle möchte ich mich bei Ihnen dafür bedanken, dass Sie sich die Zeit genommen haben, meinen Gedanken zu folgen. Bitte verstehen Sie dieses Buch als eine Hilfestellung für Ihren Alltag. Ich weiß, dass Sie sich für Ihr Kind das Beste wünschen und alles daransetzen, um es glücklich zu machen. Dieser Ratgeber soll Ihnen dabei helfen, dies mit viel Freude zu tun.

Gratis-Bonusheft

Vielen Dank noch einmal für den Erwerb dieses Buches. Als zusätzliches Dankeschön erhalten Sie von mir ein E-Book, als Bonus, und völlig gratis.

In diesem Bonus wird ein moderner Erziehungsansatz vorgestellt, der verstärkt Aufmerksamkeit erhält: Die sogenannte Bedürfnisorientierte Erziehung, auch als „Attachment Parenting" bekannt, hat sich in den vergangenen Jahren global als eine Alternative zu klassischen Erziehungsmodellen etabliert. Im Bonus erwarten Sie Einblicke in diesen Erziehungsansatz, mit Beispielen und Erfahrungen, die verdeutlichen, wie diese Art der Erziehung im Alltag funktionieren kann.

Wie Sie das Bonusheft erhalten können erfahren Sie auf der nächsten Seite:

Öffnen Sie ein Browserfenster auf Ihrem Computer oder Smartphone und geben Sie Folgendes ein:

bonus.katharinalowe.com

Sie werden dann automatisch auf die Download-Seite geleitet.

Bitte beachten Sie, dass dieses Bonusheft nur für eine begrenzte Zeit zum Download verfügbar ist.

QUELLEN

https://worldhappiness.report/

https://www.dpdhl.com/de/presse/specials/gluecksatlas.html

http://www.oecd.org/berlin/dieoecd/

https://en.wikipedia.org/wiki/Six-factor_Model_of_Psychological_Well-being

https://www.wissenschaft.de/umwelt-natur/hirnforscher-kinder-lernen-besser-wenn-sie-beim-nachahmen-den-sinn-hinter-einer-handlung-verstehen/

https://www.dasgehirn.info/denken/im-kopf-der-anderen/erkenne-dich-selbst-im-spiegel

https://www.fr.de/wissen/einzelkind-klischees-sagen-studien-herausgefunden-haben-13244230.html

https://de.statista.com/statistik/daten/studie/484867/umfrage/anzahl-minderjaehrige-scheidungskinder-in-deutschland/

https://www.wissenschaft.de/gesundheit-medizin/scheidungskinder-infektioese-spaetfolgen/

https://zeichen-gegen-mobbing.de/zahlen

https://www.bepanthen.de/static/documents/stress-bei-kindern/03_abstract_ziegler.pdf

http://www.eltern.de/public/mediabrowserplus_root_folder/PDFs/studie2015.pdf

https://www.destatis.de/DE/Themen/Gesellschaft-Umwelt/Gesundheit/Todesursachen/Tabellen/suizide.html

https://de.statista.com/statistik/daten/studie/237/umfrage/adoptierte-kinder-und-jugendliche/

https://www.baby-und-familie.de/Kinderwunsch/Wie-laeuft-eine-Adoption-ab-185341.html

https://www.spiegel.de/lebenundlernen/schule/deutschland-zahl-der-kinder-in-pflegefamilien-erreicht-hoechststand-a-1265103.html

www.ingramcontent.com/pod-product-compliance
Lightning Source LLC
Chambersburg PA
CBHW071352080526
44587CB00017B/3065